丛书编委会

大家精要

李光地

许苏民 著

陕西师范大学出版总社

图书代号 SK17N0219

图书在版编目（CIP）数据

李光地 / 许苏民著. —西安：陕西师范大学出版总社
有限公司, 2017.7（2024.1重印）
（大家精要）
ISBN 978-7-5613-9117-4

Ⅰ.①李… Ⅱ.①许… Ⅲ.①李光地（1642—1718）—
传记 Ⅳ.①K827＝49

中国版本图书馆CIP数据核字（2017）第105409号

李光地　　LI GUANGDI

许苏民　著

责任编辑	彭　燕	
责任校对	宋媛媛	
封面设计	张潇伊	
出版发行	陕西师范大学出版总社	
	（西安市长安南路199号　邮编 710062）	
网　　址	http://www.snupg.com	
印　　制	永清县晔盛亚胶印有限公司	
开　　本	650 mm×930 mm　1/16	
印　　张	10	
字　　数	100千	
版　　次	2017年7月第1版	
印　　次	2024年1月第2次印刷	
书　　号	ISBN 978-7-5613-9117-4	
定　　价	45.00元	

读者购书、书店添货或发现印刷装订问题，请与本公司销售部联系、调换。

电话：（029）85303879　　传真：（029）85307864　85303629

目　录

附录

第 1 章

李光地的生平事迹

李光地（1642~1718），字晋卿，号厚庵，别号榕村，福建安溪人，康熙九年（1670）进士，选翰林院庶吉士，授编修。历任侍读学士、内阁学士、翰林院掌院学士、通政使、兵部侍郎、顺天学政、工部侍郎、直隶巡抚、吏部尚书兼直隶巡抚、文渊阁大学士兼吏部尚书等职。康熙五十七年（1718）卒于北京，享年七十七岁，谥文贞，雍正初赠太子太傅，祀贤良祠。同时代的学者尊称其为安溪先生或安溪李相国。

李光地是清朝康熙时期杰出的政治家和思想家。作为一位政治家，他在平息"三藩之乱"、统一台湾、治理水患、澄清吏治、奖掖学术、发展教育、选拔人才等实际事功方面，特别是在为清政府奠定思想统治的重心方面，对巩固统一的多民族国家，对康熙时代的社会安定、经济发展和文化的繁荣，作出了重要的贡献；作为一位思想家，他的思想也曲折地反映了17世纪至18世纪中国社会发展的新动向。

李光地的一生，几乎可以说是康熙时代的缩影，他一生的作为，与康熙时代的全部政治生活关系极为密切；同时，作为一位"在朝"的思想家，他的思想又与"在野"的思想家和社会思潮有着极其微妙的互动关系。

一、青少年时代

明朝崇祯十五年九月初六日（1642 年 9 月 29 日），李光地出生于福建安溪。中国素有"天人感应"的说法，认为大凡伟人杰士出生，天地之间定有非常之兆出现。李光地出生那年，其母吴氏住在娘家安溪华地乡。据说光地出生时，闪电照得山川如同白昼，满天光华照耀华地。这当然是一种巧合，但光地之名即由此而来。李光地出生那年，明末农民战争的烽火已燃遍中原。李光地出生后一年零六个月，即 1644 年 3 月，李自成率领的农民军就攻进了北京城，崇祯皇帝在煤山上吊身亡。同年 4 月，明山海关总兵吴三桂引清军入关，占领北京，是为清朝顺治元年。

湖李家族

世居安溪湖头感化里的李氏家族，是当地的"甲族大家"。据李光地说，到他这一代时，"吾族聚居于此，十有余世；根衍枝繁，人丁众膨"。这一家族的精神，既由于当时比较发达的商品经济的影响而别具某些新的特点；又因中国传统社会基本结构的制约，在总体上表现出颇为典型的传统文化精神。

安溪属泉州府。早在宋代，泉州就是一个很大的通商口岸，堪与西方的亚历山大港相比，商品经济非常发达。所谓"海上丝绸之路"，就是从泉州出发；海外来的商人、传教士、学者亦在泉州登岸。明代泉州的海上贸易也很发达，特别是明代中叶以后，当地很多人都是以从事海上贸易为生的。许多江浙的商人也纷纷到闽南漳泉一带做果品生意，往往荔枝才开花时，江浙客商就到闽南乡间看树估价订合同。可见当地的经济已不完全是自给自足的自然经济，而是在一定程度上带有为交换而生产的商品经济的性质。安溪距泉州一百零五里（1 里为现在的 500 米），四乡物产丰富，水陆交通发达，是一个重要的商品集散地。湖头距安溪仅六十里，号称"小泉州"，当地人多亦农、亦工、亦商，眼界比较开阔，见闻亦多。

李光地的八世祖朴庵公李森，是明朝正统、天顺年间的人，有"田数万亩，粟数万钟；计山百区，出木数千万章，僮千指，益尽力居积"。可见他既是大农场主，又是大木材商人。明代中叶以后，"本富益少，末富愈多"——靠农业致富的愈来愈少，靠工商致富的愈来愈多。李光地的祖父念次公李先春就是一个"末富"的典型，主要从事采矿业和炼铁业，靠工商致富。

湖李家族发达以后，努力博得了"尚义"的名声。天顺年间，李森捐粟五千石赈济苏州灾民，又捐粟三千石支援边塞驻军。后来明武宗也表彰李森"尚义"，李森闻讯后，跋涉七千余里，进京谢恩，受到皇帝的设酒招待。

中国传统社会，国是家的延伸。培养子孙读书做官，用儒家的话来说，是"兼济天下"；但从家族本身来说，则根源于保护其切身利益的需要。作为地方上的"甲族大家"，仅仅"富"是不够的，还要"贵"起来，才能免遭地方官吏的欺侮和敲诈勒索。在李光地已经进了翰林院当庶吉士的时候，泉州知府竟然不买账，向李家强行索取一具可以保持尸体不腐烂的油杉木做的棺材（当时值五百两银子）。当然还不止这一件事，用李光地的话来说："予初为庶常，家中府县官作贱家君无所不至。"家族要对抗官府的勒索，唯一的办法是培养子弟当官，最好是当大官，以此作为家族的政治保护伞。因此，培养子孙读书做官，也是李氏家族的传统。

李森以后，李氏家族中多有循着读书做官的途径而显耀于国者。自明朝景泰至嘉靖、万历、崇祯年间，李氏家族中考取举人的有李煜、李澜、李道先、李懋桧、李祯、李宗润、李栻、李光升、李仕亨、李凤鸣、李日烨、李继祚、李重灿、李光龙等，其中考中进士的有李懋桧、李栻、李凤鸣、李光龙。李懋桧官至太常寺卿，李凤鸣官至户部郎中，李光龙官至翰林院检讨，中举的李道先任常德知府，李继祚任广东惠潮副使，李重灿任儋州知府。李光地曾作《书家谱传》，说："诸公在隆（庆）、万（历）间，皆一时之选也。虽奉常善、扬祖德，然诸公靡然共声，可以观仁矣。盖吾祖之仁洽于乡、显于国，斯是以不可掩也。"

同是李森的子孙，李光地的祖父这一房的家境就不景气，念次公李先春由于忙于"居积起家"，终身不仕。李光地的父亲惟念公李兆庆，原是打算走读书做官的路的，但直到清朝顺治十八年才考得了一个"贡生"的头衔，取得了到北京的国子监去读书的资格。国子监的学生可以得官，也可以再考举人、进士而得官，可是李兆庆去北京读了一两年书就回来了，大概是觉得自己年纪大了，以"监生"的资格在京城当个受气的小官也没什么意思，不如回家培养儿子要紧。以往李氏家族做的是明朝的官，如果到了清朝没人做官，那就很难在地方上维持其"甲族大家"的地位了。

地方上的"甲族大家"，不仅要对付官，而且要对抗"匪"。要对抗"匪"，就必须有自己的武装，所以湖李家族又有尚武的传统，这也是中国传统的乡村自治精神的表现。李光地的八世祖李森曾令家童千人练兵习武，主要用以合族自保；同时，又曾亲率这支武装配合王阳明率领的官军平定福建和江西，因此得了一个漳州九龙岭巡检的官职，后来又任安溪源口巡检等职。李光地的祖父李先春亦仿效李森，"选民壮五百余"，练兵习武，亦主要用以合族自保。在清初，李氏家族的武器装备，不仅有大刀长矛，还有火炮。

从李森到李先春，可见李氏家族的传统是贵利尚义，亦文亦武：既广开财源，尽力居积，又急公好义，赈济穷困；既遵循儒家伦理修身齐家，培养子孙读书做官，又练兵习武，绥靖地方。这一家族的精神，除了不排斥"末富"的"贵利"精神与传统文化不合外，其他诸方面都颇为典型地反映了中国传统家族制度的基本精神。

少年历劫

顺治三年（1646）八月，清军进攻福建，南明隆武政权的军队弃关不守，清军从容越过天险仙霞关，八闽望风瓦解，这年李光地才五岁。

然而在顺治年间，清政府并没有真正确立起对福建全省的统治。一方面，固然有明王朝的残余势力与人民群众相结合进行抗清斗争；另一方面，在历史改朝换代，新王朝的统治尚未在偏远地区建立的时候，正是地方割据势力作威作福的难得机遇，于是藏龙卧虎一起跑了出来，俨然成为一方的土皇帝。顺治七年，闽浙总督陈锦奏称：闽浙一带"自鼎革后从未归化……地方虽入我版图，其实……民非我民而土非我土"。

在李光地童年时代，闽南一带有林日盛一伙占山为王。这伙人不是农民起义军，也不是抗清武装，而是残民以逞的地方割据势力。他们在漳州、泉州一带的水陆交通要道上设置关卡，勒索过往行人。地方乡绅和百姓如能满足其索求，自可相安无事，否则就会被肆意侵害。仗着"狡兔三窟"、山高路险、人多势众，官军也拿他们没有办法。

顺治十二年（1655）夏六月，林日盛将包括李光地在内的李氏十二人掳入山寨，特别是以年仅十四岁的李光地作为人质，以此要挟索取巨额赎金。关于此事的经过，李光地曾作诗《仲父破贼拔家难》述其梗概。事情发生后，李光地的祖父宁可倾家荡产，也要把家人赎回，可是林日盛还嫌钱少，不肯放人。祖父因此忧愤而逝。正当光地的父亲束手无策的时候，伯父李日燝自远道奔回。李日燝决定先礼后兵，只身前往山寨与林日盛交涉，但林日盛为了勒索更多的钱财，就是不肯放人。于是，李日燝只好诉诸武力。当时李光地家的仆人、佣工、佃户人数至少在百人以上，他们愿为营救李氏家人而拼命："乘夜劫其巢，巢险雨又漫。百人造峰下，廿八为登先，雾重晨昏晦，泥深汰且颠。既知入死地，大呼撼贼盘。"林日盛从睡梦中惊醒，不知杀来了多少人马，仓皇丢下家眷逃往另一巢穴。此次被救出的只有李日炬等四人，李光地等八人还被囚禁在另一个山头上。林日盛遭此袭击，十分恼怒，要与李日燝决一死战。李日燝既俘获了林日盛的家眷，于是便"且战且议赎，又许归其媛"。而林日盛不吃这一套，连他心爱的小老婆也不要了："贼云本无家，不足相准权。"随后又是一场恶战："尝以十九人，父伯同孤墩，千贼凌晓至，势无复生存。"在这千钧一发的时刻，统率千名贼寇来与李日燝作战的贼寇将领突然被一名部下砍了脑袋，乌合之众顿时乱了套，李日燝乘乱追击。经过大小百战，最后才将李光地等八人营救出来。

从顺治十二年六月被抓到第二年七月获救，李光地被扣作人质约十三个月之久。据《安溪县志》载，在此期间，林日盛几次要杀李光地，光地"终不惧，间即取书读，贼大奇之"。

求学生涯

传统社会"朝为田舍郎，暮登天子堂"的科举制度，刺激着下层社会的人们走读书仕进的道路。李光地之所以能够"位极人臣"，是他从小刻苦求学的结果；同时，他之所以能够成为那个时代的百科全书式的学者和思想家，也是与当时学界氛围的熏陶分不开的。

论李光地的天赋，后人的诔辞与他自己的自述互相矛盾，而以自述较为真实可信。杨名时《文贞李公光地墓碣》，说光地五岁入塾时，就已经能背诵很多书，而且"善属对，矢口惊人"，乃至"塾师弗能教"。《李文贞公年谱》（简称《年谱》）说光地七岁即能赋诗，九岁读《离骚》，"成诵即知大意"；十二岁时，每日能写五篇作文；十三岁毕诵群经。《清史稿》也说李光地"幼颖异"。照这些说法，李光地的天赋很高，简直就是神童。而李光地的自述就不同了，他说"某天资极钝"。他的四家叔也说："厚庵少时天资平常得很。"

清朝仍然是以程朱的性理之学作为科举考试的主要内容。李光地的父亲李兆庆尊崇朱熹，希望李光地也能像他那样"笃嗜正学"，因而为光地购置了"五经"、《性理大全》、明代理学名家晋江人蔡清的《四书蒙引》和《易经蒙引》、林希元的《易经存疑》等著作，供李光地朝夕诵读。李光地边读书，边作笔记，十八岁时纂《性理》一部，十九岁时纂《四书解》一部。这里所谓"纂"，就是摘录前人著作中的精华。李光地曾自述其读书法，他说："读书要搜根，搜根便不会忘。将那一部书分类纂过，又随章札记，复全部串解得其主意，便记得。"这当然不失为一种提纲挈领、融会贯通的读书法。

福建虽然有尊朱子学的传统，但在明代中叶以后，也已形成了一种厌弃朱子学的风气。明代中叶，泉州出了一个风云全国的大异端思想家李贽；到了明末，漳浦又出了一个服膺阳明学的大学者黄道周。这二人足以为阳明学大张旗帜。李光地年轻时，安溪一带亦基本上为王学学术氛围所笼罩。晚年李光地回忆说："明末闽中学者饮酒读史，崇尚李卓吾书，举国若狂。"在许多明朝人看来，宋朝之所以被蒙古人所灭亡，都是朱熹学说坏了事。但在清初人看来，明朝之所以被满族人灭亡，则是王阳明学说坏了事。李光地年轻时已是清初，为什么安溪的长老们还信奉阳明学呢？这些长老是何许人？这得从南明隆武政权说起。

清军占领南京后，曾任崇祯皇帝经筵讲官、弘光皇帝礼部尚书的黄道周，拥戴唐王（即隆武皇帝）于浙江登基。黄道周因受握有重兵的投降派郑芝龙排挤，不得不亲赴江西募义军抗清，结果兵败被俘，壮烈就义。清军攻入浙江，隆武帝只得移都福州。据安溪民间传说，清军攻入福建后，李光地的从兄、崇祯皇帝的翰林院检讨李光龙接应隆武皇帝朱聿键到安溪，隐居于湖头妙峰山寺，化名"南方僧"。同时来的还有一些明朝的遗臣，大多是一些信奉阳明学的书生，他们或许就是光地一再提起的"长老"。从散见于李光地著作中的蛛丝马迹看，李光地的上辈人和年轻的李光地是与残明遗臣们多有接触的。李光地曾回忆说，"癸未进士光龙先兄明末避乱于寒舍"，曾给光地讲《周易》。又据《年谱》，光地曾读书于妙峰山，这妙峰山正是遗臣隐居的处所。

光地自云："二十一至二十五岁看陆子静、王阳明集及诸杂书。"看陆王之书，无疑是受残明遗臣们的影响。平心而论，陆王学说亦有其优长之处。如梁启超所说："鲁王、唐王在浙闽，永历帝在两广云南，实际上不过几十位白面书生——如黄石斋（道周）、钱忠介、张苍水、王完勋、瞿式耜、陈文忠、张文烈……诸贤在那里发动主持……虽终归失败，究竟也把残局支撑十几年，成绩也算可观了。……我们应该从这里头认取阳明学派的价值，因为这些学者留下了许多可歌可泣的事业，令我们永远景仰。"这从一个方面道出了阳明学的价值。阳明学说，又是一种具有思想解放意义的学说，它反对程朱学束缚身心，提倡率真进取的学风。李光地之所以后来对程朱学说作了许多修正，并且直到晚年还坚持王阳明的某些观点，与他早年读王阳明的著作是大有关系的。

李光地之治易学，亦是受隐居的遗臣们的影响。李光地的家族中人多治《尚书》，只有族叔李偕芳"治易精熟"。比李光地大二十七岁的李光龙"从族叔偕芳受《易》"，崇祯十六年（1643）中进士时，主考官说他"易学纯深"。当然，最有影响的易学大家还是南明武英殿大学士黄道周。他"以文章风节高天下"，精通易学和天文历数，著有《易象正》《三易洞玑》等著作，"学者穷年不能通其说，而道周用以推验治乱"。道周学问，最受遗老推崇。光地二十岁至二十五岁之间除了读陆王之书外，还读"诸难书"。当时天下的难书，无过于道周的易学著作了。李光地后来曾特别提到黄道周的《三易洞玑》是何等艰深繁难。由于受黄道周的思想影响，光地不以朱熹的《易》注为然，"觉得朱子注无甚意味"。同时，光地亦没有局限于一家之说，而是"于诸家同异，条分缕析，用为熟研覃思之地"。

李光地在钻研《周易》的同时，还研读了道教经典《参同契》《悟真篇》，佛教的《楞严经》《法华经》《金刚经》《华严经》。在此期间，亦曾为《尚书·洪范》作注，著《尚书补义》等。此外，李光地还注重研究天文历算之学，二十四岁辑《历象要义》，并在书末附上自己写的《历论八篇》。二十五岁那年夏天，他又集中精力对律吕之学作了研究。

李光地年轻时，也曾听长老们讲历史，但却收获不大。他后来回忆说："某十八九时，经书外才看一部《性理》，闻长老援古证今，茫不知其端。然觉得其言间有不联续处，又有违碍道理处。"长老们讲的史书，与教人正心诚意的《性理》当然是两回事，光地那时"茫不知其端"也是可以理解的。据他自己所说，他是在四十岁以后才对读历史书产生兴趣的，那时已是朝廷的政治斗争迫使他不得不读点历史的时候了。

李光地是沿着秀才、举人、进士、庶吉士的"正途出身"的阶梯，一步步地进入清王朝的统治中枢的。康熙二年

（1663），李光地二十二岁，考取秀才。五年秋考中举人，九年中进士，十年至十二年在翰林院庶常馆深造。在这期间，他得到寓居北京的大思想家顾炎武的指教。

康熙十年三月，李光地将所作《历论八篇》送请卫既齐指教，卫既齐将其拿给顾炎武看，顾炎武看后称赞道："元人之文也！谁为为之者？幸一识之。"于是李光地得以会见顾炎武。顾炎武很谦逊地对李光地说："历之是否吾不能知，论文字则元人之文也。"光地问："以先生之博学，何谓不能知历？"顾炎武回答说："吾于经史虽略能记诵，其实都是零碎工夫，至历律礼乐之类，整片稽考便不耐心，此是大病，今悔之而已，老矣。"顾炎武还给李光地讲授了音韵学知识。

光地后来回忆此次会见，将顾炎武与同时代的大天文学家梅文鼎作了比较，说："梅定九了然于心，了然于手，却不能了然于口；宁人（顾炎武）则善谈论，其自讼处实读书要诀也。"又说："使某不见顾宁人、梅定九，如何得知音韵、历算之详。"

李光地在翰林院学习期间，还曾前往民间拜残明遗老孙奇逢为师。孙奇逢（1584～1675），字启泰，号钟元，又号夏峰、北海，直隶容城人，以侠义闻名天下。天启年间，阉党魏忠贤残酷迫害东林党人，左光斗、魏大中、周顺昌被诬下狱时，一般人多惧祸引避，唯孙奇逢与其友鹿继善倾身营救。清军入关后，孙奇逢亲自督率子弟，调和官绅固守容城，清兵久攻不下而去。到清政府的统治地位确立后，孙奇逢才不得不隐居讲学。李光地听说孙奇逢尚且健在，年虽八十而论道著书不息，乃欣然与左都御史魏象枢前往拜见请教。

李光地回忆当时的情形时说："望其神气，清健如五六十岁人，独耳偏塞。然有所问叩，辄酬酢如应响，盖所谓能以目听者，古之真人欤！"康熙十二年（1673），李光地告假回乡时，曾去向孙奇逢辞行，孙老向光地赠书，并说："某平生师友，尽在闽中。"孙奇逢的学问，早年得力于阳明心学，晚年则认为程朱陆王各有其长处和短处，当取其所长而避其所短。他的思想，对于李光地一生的治学思路影响极大。

性格特征

对于杰出的历史人物，后人爱加以神化。在道学盛行的时代，人们更爱把杰出人物打扮成一副道学面孔。《李文贞公年谱》说李光地十三岁时，"锋锷敛戢，循循恭谨，侍坐于长老，日暮不敢就宴"。又说李光地十八岁时，"敛衣冠，谨坐起，非程朱不敢言"。把十三岁的李光地说成如同泥塑木头人，把十八岁的李光地说得道貌岸然，这些说法都未可尽信。

李兆庆笃信程朱，家教严格，是事实；李光地读书专心，也是事实。但如果说他从小就被程朱理学泯灭了童心，年轻时就没有一点英风豪气，整天摆道学架子，头脑僵化得"非程朱不敢言"，那么到头来，他只能是个蠢材、庸才，不可能有任何建树。与此相反，李光地后来之所以能成为杰出的历史人物，与时代造就他的独特品格分不开。

受当时安溪长老所崇信的王阳明学说的影响，李光地认为天地之性是"活泼泼的"，人具天地之性也应该是"活泼泼的"。所以他后来教育家族中的子弟说："子弟生性廓落不妨，但当有耑（专）心之处便好。"他要求子弟读书要专心，但并不主张束缚年轻人的个性。这很像是王阳明的说法。

李光地不迷信圣贤，这也是明清之际的文化氛围造成的。李光地直到晚年也不是"非程朱不敢言"，何况年轻气盛之时？《榕村语录》是弟子们所记录的他的言论，他跟弟子们在一起，屡屡讲到尧、舜、周公这些大圣人们的缺点，讲孔夫子与子思父子都曾闹离婚，讲朱熹徇私情为大奸臣张邦昌作行状，甚至还讲到王阳明怕老婆却能成大事：孔北海承泽极恶阳明学术，尝举阳明与学徒讲论。其夫人忽闹出，掀其几案，抛其节帙，曰："诸君勿信此老厮诳！"因枚数其平居奸私事。门人窃窥阳明，颜色和霁，如不闻者。久之，夫人入，阳明徐整书案，复理前论，若无中间一段事者。或以为非人情，某曰："恐即此已足以擒宁王矣。"北海为之失笑。

李光地又赞阳明为"贤豪""才气好"，平定江西宁王朱宸濠的叛乱时，受敌突然袭击，临变不惊，"驱市人而战"。从李光地议论往昔圣贤的这些言论看，他简直没有一点道学的架子，思想极开通，极明达，性格何等爽朗；与弟子们谈笑风生，何等融洽。

李光地崇仰"不畏强御"的侠义精神，其文集中有一篇《书鹿太公家传后》的文章，其中虽未言及他与鹿继善的交往，但由此文可推知他在拜孙奇逢为师时，一定还结识了孙老的至友鹿继善。李光地在文章中对鹿继善不畏凶险营救东林党人的侠义品格大加褒扬。有人说，鹿继善终生不仕，不在其位却谋其事，不是违背了圣贤的中庸之道吗？李光地回答说，在权奸当道、国事危殆的时刻，即使是"一耕夫"亦有过问国事的责任。鹿继善"大义慨然……非逐名矫节，而无怍于圣贤也"！李光地还驳斥了汉代班固所谓"侠者……赴难死党而不轨于义，无益于公"的说法，认为"东京之季，倚乎公义矣"！而鹿继善的侠义品格，正是对东汉清议派知识分子的精神的继承。

在翰林院学习期间，有一次，左都御史魏象枢退朝后面带喜色地告诉光地："当初皇上叫推荐人才，福建总督范承谟推荐了一个曾经受过令长鞭打的董汉策，今天受到了科道官的弹劾。"李光地不苟同魏象枢这种幸灾乐祸的态度，说："令长黑白不分，由来已久。读书人受到地方上令长的羞辱的事多着呢，岂可一概而论？如果令长是贪赃枉法的坏官，遭他鞭打的是'不畏强御'的读书人，那究竟是打人的人不对呢，还是被打的人不对呢？纵然这位读书人年轻时不谨慎而有过错，后来改正了，也不应该咎其既往。"魏象枢听了，对李光地的过人见识大为叹服。李光地对社会基层的情况太熟悉了。他知道，当县官的虽然是读书人出身，但一般读书人当了官以后崇拜的就不是知识，而是权力和金钱了，对于无权无势的读书人加以整治和羞辱是常有的事。应该受谴责的是这类令长，而不是挨整的穷读书人。

李光地经过几十年官场上的摔打，依然没有把棱角完全磨圆。在似乎可以看作他的"晚年定论"的著作中，他依然痛恶乡愿。他说："便辟者外面威仪辞令或尚可观，至善柔则一味卑屈谄媚，以顺为正矣，至便佞则又变乱黑白，倒置是非，其害更大。"这段话简直与王阳明痛斥乡愿的话如出一辙。

二、仕宦历程中的主要事迹

康熙十一年（1672）九月，翰林院举行毕业考试，李光地考第一，同月散馆。从此，李光地正式开始了他四十八年的宦海生涯。其间，他先后担任过翰林院编修、侍读学士、内阁学士兼礼部侍郎、翰林院掌院学士兼礼部侍郎、通政司通政使、兵部右侍郎、工部右侍郎、直隶巡抚、吏部尚书兼直隶巡抚、文渊阁大学士等职务。这四十八年，占了整个康熙时代的一大半（康熙帝玄烨从康熙八年亲政，到六十一年去世，共五十三年）。李光地为扫平割据、统一祖国、革除弊政、澄清吏治、治理水患、发展经济、奖掖学术、繁荣文化作出了重要的贡献。

蜡丸上疏

康熙十二年十一月，平西王吴三桂在云南起兵反清。次年三月，广西将军孙延龄在桂林起兵响应，靖南王耿精忠据福州反清，招台湾郑经发兵取沿海郡县为声援。平南王尚可喜之子尚之信亦接受吴三桂给予的"招讨大将军"封号，占据广东全境。是为清代历史上有名的"三藩之乱"。

对于三藩势力对国家统一的威胁，李光地早已察觉。康熙八年冬，李光地初至北京，当时在京做官的一位泉州人请他谈谈对时局的看法，李光地"以强藩世及（世袭）为忧"，表现出他具有很强的政治洞察力。十二年五月，李光地请假回乡省亲，途中听说尚可喜、吴三桂、耿精忠相继上书朝廷请撤藩而朝廷亦同意撤藩的消息后，立即预料到变乱就要发生。他深知吴三桂等人请求撤藩不过是试探，朝廷果真要撤藩，他们马上就会起兵。到了福建，他已看到耿精忠有反叛的迹象，立即写信给福建总督范承谟，建议他以阅操闽安为名带领所部军队离开福州，驻扎延平，以扼制耿精忠。范承谟优柔寡断，迟疑不决，终于在叛乱时被囚禁，最后被杀。

耿精忠反叛时，泉州知府王者都对耿精忠说："李某才堪王佐，如不出，天下事未可知，必为大王之害。"言下之意是说，如果李光地不出来辅佐耿精忠，那最好是把他杀掉。于是耿精忠就派人拿着他的令箭来召李光地；泉州知府亦威胁说，如不应召，则将湖头李氏家族斩尽杀绝。为了保全族人性命，李光地决定赴福州，并与家人定好脱身之计。到福州才三天，家人就带着假称父亲病危的信赶到，耿精忠信以为真，只得放李光地回家，随后发现中计，又派人持令箭去追，中途被郑经部队所阻，李光地才得以脱身。

李光地回到安溪后，欲联合泉州城守游击赖玉、漳州守将黄芳度起兵，赖玉因事机不密，被知府王者都擒杀。不久，台湾郑经所部将领吴东率军攻入泉州，进军安溪。郑经派杨芳当说客，先后三次召李光地前往，都被婉言推拒，他说："我如背叛朝廷，是为不忠不义之人。你们要不忠不义之人，又有何用?"说客无言以对，只得罢休。

李光地虽然身处山野，但仍然关心时局。他派人四处了解情况，得知朝廷已派军征讨耿精忠，然仙霞关、杉关等处有耿精忠军固守，加上山川之险，难以逾越，遂至旷日持久相持不下。康熙十四年（1675）五月，李光地决定向朝廷上疏，献"避实击虚，迅雷不及掩耳"之策，建议选精兵万人或五六千人，诈为入广之兵，道经赣州，然后突然转向汀州，从汀州小路入闽。疏文写好后，李光地将其封入蜡丸，由他的六叔化装成卖纸商人，护送家仆夏泽夜走连城，入江西，取道鄱阳湖北上。这道蜡丸疏直到康熙十五年春才送到北京，由内阁学士富鸿基呈上。康熙帝看到蜡丸疏，立即下发给兵部遵照执行。八月，康亲王杰书率军入闽，耿精忠不得不投降。不久，又击走台湾郑氏军队，占领泉州、漳州等地。

然而，福建并未安宁。一方面是官逼民反，清军将领有骑马抢天下的本事，却没有安民的本领，闽南人民不堪其扰，怨声载道，于是有一个拉板车卖豆浆的蔡寅自称朱明王朝的太子揭竿而起。同时，郑经的大将刘国轩亦率军包围了泉州，其弟刘国昌打下了安溪。蔡寅虽以反清复明为旗号，但其作为不过是领着一帮人烧杀抢掠而已。而刘国轩则颇有谋略，他派兵包围泉州时，先断万安桥，使驻扎福州的康亲王杰书的大军欲救而不能；又断江东桥，使驻扎在漳州的清军无法增援泉州。泉州危在旦夕。

李光地的处境也十分困难。他的六叔派人送信来，说蔡寅的人马已向湖头进发，叫李光地赶快离开湖头。李光地方寸不乱，一方面布置乡兵准备火炮迎击，固守湖头；另一方面又传檄四乡固守村寨，不得给蔡寅粮草供给。蔡寅攻湖头不下，又因得不到粮草，人马纷纷散去。为了解泉州之围，李光地派他的六叔夜走福州求援，带领康亲王杰书的军队沿山间小路南下；派檀机和尚前往漳州求援，带领漳州清军沿偏僻小路北上；又派族兄莱庵、族弟赐卿、表弟吴概观等率乡兵前去迎接各路清军，逢山开路，遇水架桥；同时，还派了两个会潜水的乡兵沿水路潜入泉州，报告援军将至的消息。八月，南北援军先后到达，李光地亲为部署作战方略。刘国轩见大事不妙，不得不下令撤军，退回厦门。

清军平定福建后，对李光地很是感激。康亲王杰书对李光地说："八闽皆处危地，若非学士中流一砥，几于事不可问。"李光地亦奉劝各位将领严明军纪，不得扰民，不得冒取民间一物，务必做到买卖公平，等等。清将见李光地在闽南极有威望，便以招抚各路流民之事相托。李光地便发出告示，招抚啸聚山林的各路人马。数旬之间，山大王们纷纷带领下属前来归顺。李光地深知这些人啸聚山林都是迫不得已，因而不咎既往，将他们遣散回乡务农。从此，自清朝顺治以来近四十年大乱不已的福建才算基本安定下来。

推荐施琅

台湾自古就是中国领土，1623 年被荷兰殖民者占据。1661 年 12 月，被南明永历皇帝封为延平王的郑成功率军收复台湾，并将台湾作为反清复明的根据地。1662 年 6 月 23 日，郑成功在台湾病逝。郑袭（郑成功之弟）与郑经（郑成功之子）叔侄之间为争夺延平王位发生内讧，郑经先消灭了拥叔派的势力，又暗杀了他的伯父郑泰。虽然夺得了王位，却大大削弱了明郑军队的力量。康熙四年（1665）七月，福建水师提督施琅受命为靖海将军，率军攻打台湾，船到澎湖，突然重雾猝合，飓风大作，将船队吹得七零八落，被迫班师。从此清朝政府即以"风涛莫测，难必制胜"为理由，停止进征。此后，又裁撤了福建水师提督，将施琅等人征调入京归旗，实际上是放弃了武力攻台计划。

清政府既自认为无力攻台，那台湾郑氏是否还有信心"反清复明"呢？从康熙六年起，清政府与台湾郑氏之间就在不断地进行着讨价还价的谈判。在这些谈判中，清朝政府同意封台湾郑氏为藩王，世守台湾；台湾郑氏亦表示愿意撤出闽南沿海地区，向清政府称臣纳贡，但坚持"照朝鲜事例，不削发"，清政府不答应。"三藩之乱"爆发后，由于吴三桂拒绝了郑经提出的择立朱明皇室后裔做皇帝的主张，郑经也就不愿配合吴三桂、耿精忠北伐。但随着清军进军福建，郑经又不得不退守厦门、金门、澎湖和台湾。至此，郑经已完全放弃反清复明的要求，自以为"远处海岛，可无忧"，终日"放纵于花酒，不预政事"。

李光地在协助朝廷平定福建后，被康熙帝提升为内阁学士，因为父守丧而滞留福建。因安溪流行着这样的传说：郑成功的父亲郑芝龙是辛酉年（鸡年）起兵当海盗的，向明朝政府投降时当了个副将，路过江西时，拜见张天师，张天师送他几句话，有"王霸之业，南面称孤……木子乘舟，金鸡一叫，龙种全收"之语。六十年一轮回，辛酉年又要到了，安溪人说台湾郑氏的气数就要完了。趁着李光地告假在家的机会，同乡庄延裕前来相见，说："吴逆耿逆既平，何不劝上就此将海贼歼却？""明年辛酉，正合金鸡，非贼亡之岁耶？"又说："所谓木子乘舟者，焉知非君耶？愿君毋忽其时。"庄延裕说得神乎其神，不由李光地不信。

康熙十八年（1679），清政府恢复了福建水师建制，任命万正色为水师提督。次年春，万正色打算进攻台湾郑氏所占据的厦门。李光地参加了福建军政官员为此事所举行的会商。多数人认为厦门有重兵把守，恐出师不利，难以攻克。而李光地则断言必能攻克，主张迅速出师攻克厦门，并派他的六叔与万正色协同作战。战局的进展果不出光地所料，福建水师迅速占领厦门、金门二岛。从战略上来说，攻克厦门和金门，一方面断绝了台湾郑氏军队从金、厦向漳、泉二州进军的道路；另一方面，也为日后攻克台湾作了准备。

攻克厦门、金门后，李光地于七月进京。入京后，他始终把劝说康熙帝进攻台湾的事挂在心上。康熙二十年正月，皇帝召大臣赋柏梁体诗，李光地别出心裁地赋诗道："仰观神策驱天狼。"康熙帝不解其意，李光地解释道："郑氏为寇三世，垂六十年，此天道数穷之秋也……若命良将率闽兵讨之，必克。"此时恰好台湾政局发生重大变化：郑经所倚赖的重臣、在台湾颇得民心的陈永华病逝，年仅三十九岁的郑经又被酒色掏空了身子，中风而死，被委以托孤重任的文武两近臣冯锡范、刘国轩背信弃义发动政变，将十八岁的继位者郑克臧刺杀，另立年仅十二岁的郑克塽继位，政局陷于混乱。消息传到京城，更坚定了李光地说服康熙帝及时部署进攻台湾的决心。

于是，攻打台湾的问题在朝廷内外引起了一场激烈的争论，赞成者百无一人。理由无非是台澎险远，郑氏负固据守，难以卒拔，又风信不测，波涛险恶，进退维艰。就连原先认为"海寇可平"的福建巡抚姚启圣、水师提督万正色等也纷纷上疏，说"海寇不可平"了。在争论中，唯有李光地主张依靠福建水师的力量，趁台湾内乱之际发起进攻。

七月的一天，退朝后，康熙帝将李光地与大学士明珠留下，专门商讨攻打台湾之事。康熙帝先问："海贼可招安否？"李光地回答说："不能，彼持海上风涛之险，一闻招安，他便说不削发不登岸不称臣不纳贡，约为兄弟之国，岂有国家如此盛大，肯与为兄弟之理。"康熙又问："此时可用兵否？"李光地说："闻郑经死，其军师陈永华亦死，此其时也……满洲兵不习水战，上船便晕，都去不得，必须南兵习于舟楫知其形势乃可用。"康熙又问："汝胸中有相识人可任为将者否?"光地回答说："此非小事,容臣思想数日后斟酌妥即复旨。"康熙帝说："很是,你去想。"

其实,李光地心中是已经有一个人的,只是因为事关重大,不可不慎。这个人便是原任水师提督施琅。施琅本是郑成功的结拜兄弟。施琅的一个部下犯了军法,被郑成功庇护起来,施琅跑去将这个部下砍了,郑成功大怒,将施琅关进水舱。施琅将看守的八个士兵踢下水去,投降了清朝。康熙四年(1665),施琅率福建水师攻打台湾不成,被调回北京。李光地对施琅很了解,也早就对康熙帝说过,"琅自幼在行间经历得多,又海上路熟,海上事他亦知得很详细,海贼甚畏之。"可见康熙是早就知道施琅其人的,可是他仍要李光地推荐,这是当皇帝的统治术:如果事情不成功,是推荐者的责任。李光地经过慎重考虑,仍然决定推荐施琅。正好康熙帝派明珠来问,李光地遂回答道:"计量起来,还是施琅。他全家被海上杀,是世仇,其心可保也;又熟悉海上情形,无有过之者;又其人还有些谋略,不是一勇之夫;又海上所畏惟此一人,用之则其气先夺矣。"

明珠回奏后,康熙帝又召李光地面谈,问:"汝能保其无他乎?"光地回答说:"若论才略定无其比,至成功之后,在皇上善于处置耳。"康熙帝说:"若何?"光地说:"其为人骄傲,若要成功之后,能自敛约,兵民相安,端在皇上自有善处之法。"李光地又荐战将蓝理,康熙问:"姚启圣如何参之?"光地道:"伊参其贪,臣所言者武勇耳。"康熙帝问:"(蓝理)果贪否?"光地道:"为将者能清廉自爱,虽自古以来所少,如今文职能皎然不淄者尚少,何况武臣。"康熙帝遂任命施琅为福建水师提督,加太子少保衔,令其与福建总督、巡抚、提督商议克期进取台澎,原水师提督万正色改任陆路提督进行配合，并同意将战将蓝理调到施琅麾下。施琅离京前夕，李光地赋诗一首，为施琅送行。

然而，在传统社会政治体制的重重节制之下，施琅要渡海作战，并且要保证取胜，又谈何容易？于是从刚抵厦门开始，施琅就连续上疏康熙帝，提出独任征剿的问题。由于施琅原是明朝降将，后来又反戈追随郑成功抗清，与郑成功反目后才又投降清朝，对于施琅提出要独任征剿，康熙不免产生疑虑，因而迟疑不决。于是施琅又上《决计征剿疏》，重申要求独任，而令督抚催赶粮草接应，不限时日，风利出师，不效即治罪。在此关键时刻，李光地和明珠给了施琅以有力的支持，向康熙帝陈述了只有事权归一才能避免彼此掣肘，使征剿顺利进展的道理。康熙帝这才同意由"施琅相机自行征剿"。

福建总督姚启圣见康熙帝给施琅以专征台湾之权，妒火中烧，花三千两银子贿赂了给事中孙蕙，孙蕙立即上疏说："兵不可轻动，恐船入大洋，损兵辱国。"与此同时，姚启圣也上疏阻止攻打台湾。康熙帝又召李光地进宫，先问："孙某的上疏你见过否？"李光地答："两日前见过，孙某所言不失慎重之意，但以臣度之，天运循环，无往不复……渠今内乱，我朝方盛，真天亡之时也。"康熙帝还在犹豫，说："别的不须踌躇，只是恐风起摄船入大洋，贼众乘之，丧师为虑耳。"李光地说："此处臣已经问过施琅，施琅大笑，云，'此皆不曾身经之言，若之兵有利钝，不必大洋。若飓风作，入大洋，纵有百万战舰入其中如一秕，我船不自主，贼船能自主乎？'"接着他又说起施琅为定海将军时就曾遇过此险，但三百号船却无一损伤。结论是："如遇此事，不过无利，亦曾无害。"康熙帝听了李光地这一席话，才最终坚定了攻打台湾的决心。

康熙二十一年（1682）五月，李光地上疏，请求给假送母回乡。康熙让他回福建后参与谋划攻打台湾事宜。李光地此去，不仅对他保荐的施琅是极大的支持，而且有利于协调福建督抚与施琅的关系。李光地到达后，首先去找姚启圣，对他说："老公祖不须如此（指上疏阻止攻打台湾事），你当年也曾向朝廷推荐过施琅，他之功即老公祖之功也。"姚启圣不承认他妒忌施琅立功，又强调说出师海战必须万无一失，如果不能保证万无一失，那就不要出师。李光地又将他说服康熙帝的一席话对姚启圣复述了一遍，劝姚启圣与施琅和衷共济。从此姚启圣不再与施琅为难。

施琅挥师出征前夕，李光地听取了施琅对渡海作战计划的安排，表示同意。康熙二十二年六月十四日，施琅率水师从铜山出发，七天之中就攻克澎湖。战局的进展果不出李光地所料：只要攻克澎湖，台湾可不战而下。六月，郑克塽上表请降。八月，清军进驻台湾。康熙二十三年四月，清政府在台湾设一府三县，合厦门置分巡台厦道。从此，台湾在政治、经济和文化上又与祖国大陆连为一体。

对于李光地在统一台湾问题上所起的作用，康熙帝曾说："台湾未平时期，朝臣咸持麟介衣裳之议，独李某断为必克，果竟克之，以靖我国家，兹非其功欤？"

治理水患

康熙三十七年（1698）十一月，李光地被任命为直隶巡抚，总揽一省的军事、吏治、刑狱，时年五十七岁。直隶省的地域主要是今天的河北省，还包括今天内蒙古自治区和山东省的一部分。

康熙帝是在把治河列为国家最重要的一件大事的时候，任命李光地为直隶巡抚的。对于清朝政府来说，黄河水患固然构成了对中原地区农业生产的一大威胁，但直隶水患更直接构成了对皇城的威胁，所以从清朝定都北京起，就一边打天下，一边着手治理北方水患。康熙帝亲政后，"以三藩、河务、漕运为三大事，夙夜廑念，曾书而悬之宫中柱上"。平息"三藩之乱"以后，河务就成为康熙帝关心的第一件大事。康熙三十七年十一月的一天，康熙帝专门召集大学士等官员讨论河务之事，革去了"殊不称职"的河道总督董安国的职务，重新起用曾担任此职务的于成龙为河道总督，并派奉天府尹徐廷玺前往协理。康熙帝特别着重地提出了治理直隶境内的水患问题，同时任命当时正担任工部左侍郎、提督顺天学政的李光地为直隶巡抚，实际上是把李光地推上了治理直隶水患的第一线。

鉴于漳河、滹沱河水道迁徙无常，两岸民众备受祸殃，李光地把治理这两条河流的重点放在疏浚河道上。又令将老漳河与单家桥的子牙河支流开通，使二水合流至鲍家嘴而流入大运河，以分子牙河水势。康熙三十九年二月，子牙河工竣。李光地觉得，经过这次治理后，漳河水势虽已大大减弱，但归入白洋淀的一支水势仍然较强，盛夏涨水时仍可能泛滥成灾，为了对子牙河水系作更彻底的治理，李光地又建议堵广福楼决口，于阎留二庄处挑成河道，以分水入淀，筑完固口以分水入卫。康熙帝同意这一建议，于是，趁着春耕生产尚未到来，李光地立即组织实施。同时，又将滨河居民千家迁徙到地势较高的地方，由官府为之选好宅基、盖好房屋，作了妥善的安置。经过对子牙河水系作进一步的治理，漳河之水"北不至挟滹沱以侵田，南不至挟卫河以害运"，大大提高了整个水系的安全系数。

永定河的治理最初是由原任河道总督王新命管理的。与他一起管理永定河工的，还有工部侍郎赫硕兹。从王新命、赫硕兹等受任，到康熙三十九年十月，将近一年过去了，毫无成效，康熙帝只得将王新命、赫硕兹撤回，授权李光地负责治理永定河事宜。李光地受命后，考虑到北方三冬土冻，不宜马上动工，因而先着手作开工前的各种准备工作。次年早春二月，李光地迅速调集十万民夫，驻扎永定河两岸。李光地为之严密规划：每十人为一铺，其中一人为炊事员；每三十铺派一人负责，划界承包；南北两岸各派一位大员管理；每天开饭后上工，以鸣锣为号。李光地乘船驻柳垄口，每日乘肩舆巡视工地，往来督促指挥。

中国传统政治可以通过行政命令自上而下地迅速调集民众兴建大型工程，这是优点。但传统政治与民众之间的隔膜，又使得民众对政府大兴劳役缺乏热情，乃至口出怨言，消极对抗。永定河工地上就是如此，李光地注意到这种情况，亲自召集父老们进行动员，反复讲明治理永定河既有利于国，更有利于家，乃是"为万民身家之切务"，而不应该仅仅将此看作是"公家之力役"，希望父老们能够体谅朝廷的苦心。由于民工的积极性被调动起来了，原定一年完成的工程，仅四十天就竣工了。四月，康熙帝巡视永定河，为了表彰光地治河的功绩，赐御制永定河诗、御书"夙志澄清"。这次工程，为治理黄河提供了经验和借鉴。永定河与黄河具有共同特性，即从西部地势高处夹带大量泥沙奔流而下，导致河床淤积，水位增高，泛滥成灾，因而素有"小黄河"之称。李光地采取的"浚直河身，直流冲沙"的治河方法，很快被康熙帝推广于治理黄河和淮河。

李光地在永定河工程竣工后，又进一步规划了直隶省的农田水利建设，试行南稻北移，以求从根本上改变直隶省的农业落后面貌。以往官吏把直隶农业落后归咎于"惰农自安"，而李光地则指出其原因在于水利不修，而水利不兴，根本原因在于官吏："只因近来守令，但恤身谋，无能以民事为家事者。"李光地在对州县官吏的腐败作风进行了严厉批评以后，令各州县官"亲履境内按察山川形势，何处可通沟渠，何处应修堤障……何处平壤宜劝凿井，何处水乡应疏河道，一一绘图具说。"康熙四十一年，李光地开始推行其兴修水利的计划。在贯彻的过程中，清苑县掘井三千口，贯彻最力。李光地及时表彰清苑县的成绩，勉励其他州县向清苑县学习。次年，李光地又下《饬广积贮牒》，督促兴修水利事宜。

李光地之所以要在直隶大张旗鼓地兴修农田水利，目的是实现"南稻北移"的目标。南稻北移，早在明朝就有人试验过，但因遭到保守思想的阻挠而没能实现。明万历十三年（1585），徐贞明开水田于京东，成效颇著，但第二年"即为谗者所阻"，不能继续实行。万历二十九年，汪应蛟上《海滨屯田疏》，略云"天津葛沽一带，咸谓此地斥卤从来不耕种"，但"若以闽浙濒海治地之法行之，穿渠灌水，未必不可为稻田"，亦未能得到实行。万历四十三年，徐光启又提出在北方开水田，并且"愿身试焉"。天启元年（1621），"复寓津门，部署垦辟水田诸事"。然而，由于传统的"风土说"根深蒂固，徐光启的努力也没有成效。李光地继承先哲遗志，决心将"南稻北移"的计划付诸实施。康熙三十九年（1700），李光地提名许天馥任河间知府，让他负责在河间府推广水田，并将河间府的做法在全省推广，"凡滨水州县可导以稻田之利者，皆以次经理，岁有成效"。

然而，康熙帝对李光地"南稻北移"的计划并不热心。康熙四十三年十一月，李光地属下的天津总兵官奏请于天津等处开垦水田。康熙帝明确表示不支持。然而，后来的实践证明，天津并非不能种水稻，最精美的"小站米"就是天津出产的。

革除"圈地"

在中国历史上，每当北方游牧民族以武力夺取中原后，都会在相当长的一段时间内严重破坏中原地区的农业生产，使田园变成牧场。清兵入关时也是如此，八旗贵族肆无忌惮地圈占土地，冀中平原所遭到的破坏尤其严重，除了大片肥田沃土被圈占而成为旗人的庄园以外，更有大片土地被圈为他们的牧马场（即所谓"马厂"）。当时河北民众大致可分为三部分：一部分自动投充到旗人的庄园，受旗人庇护，替旗人耕作；一部分被旗人强迫为奴；一部分被赶到贫瘠的土地上勉强维持生存。直到康熙亲政，才谕令户部永远停止圈地。这是康熙八年（1669）的事，距清军入关已经二十五年了，该圈的地也已经圈了，所以，康熙帝的这一纸诏令并没有革除圈地的弊政，被赶到贫瘠土地上的人民迫于生计，不得不"偷垦"被圈占的土地，这就造成了河北人民与清八旗贵族之间的剧烈冲突。

李光地早就对"圈地"深恶痛绝，认为"圈地""逃人"（搜捕逃亡奴隶的法律）是"旗人与人民两敝之道"，既使清八旗成了靠汉人养活、不劳而获的寄生虫，使这个民族腐化堕落，又给汉族人民带来了巨大灾难。担任直隶巡抚后，他首先作了一番细致的调查研究，先勘测了各旗所占东翼马厂可开垦的多余土地的数目，查出仅正黄旗马厂就有多余的土地 34595 垧，镶红旗余地更有 65607 垧零 5 亩之多。光地乃于康熙三十九年十二月十一日上疏，为民请命。光地当然不能说这些土地本来属于人民，是被八旗兵丁抢去的，现在应该还给人民。这样说会触怒皇帝，问题也得不到解决。光地说得很委婉，他说，老百姓因为自己种的土地碱薄洼下，所以要垦种马厂内的土地，但他们并没有多占，也没有少向国家交赋税，请求皇上赦免他们的"偷垦之罪"，允许他们继续耕种这些土地，按规定每年给国家交赋税就是了。接着，他又请求康熙帝允许他给州县下文，让各州县的人民耕种东翼马厂内的多余的土地，按照有关垦荒的规定实行，以便人民在来年开春后可以及时耕种，使这些荒芜的土地重新变成良田，这样就能体现出"皇上忧恤黎民之至意"了。

康熙帝同意了李光地的请求，于是，东翼马厂内的八旗都统们不得不把当初强占的土地退还给老百姓耕种。向来以特权阶层自居的八旗子弟们对此多怀怨恨之心，但慑于李光地的威严，又不敢侵扰百姓，只得上告朝廷，希望皇上能为他们撑腰。康熙帝乃命内阁大臣会同李光地商议如何处理此事。内阁的满族大臣本来就是心向八旗子弟的，仿佛皇帝只是他们满族人的皇帝，而不是全国人的皇帝；而汉族大臣们也以为如今既然是满族人当皇帝，他就必然会维护打天下的八旗子弟的利益，自己也乐得借此机会讨好皇上。于是在会商时，这些大臣们都一个个声色俱愤地谴责李光地。面对这种情况，李光地毫不畏惧，"据事论理，词气冲和，内大臣为之愧屈"。

在将东翼马厂的多余土地还民耕种以后，李光地又着手处理西翼马厂的多余土地问题。康熙四十年十二月，李光地又将查勘西翼马厂余地的情况上报朝廷，请求将这些土地让予民众耕种。他说，西翼马厂的多余土地，乃是当年圈地时用来安置遭圈地而失去家园的民众的，后来又被旗人圈去，这些土地是不应该圈给旗人的；即使是旗人最初所"侵圈"的土地，也该让出来给民众耕种。康熙帝从缓和满汉民族矛盾的立场出发，同意了李光地的建议。这样，西翼马厂的大片土地又重新回到了河北人民的手中。

康熙四十四年，李光地离开直隶，进京任大学士。马厂的八旗子弟见李光地走了，又企图夺回原先被他们圈占的土地，于是一场激烈的争斗又开始了。康熙帝派内阁学士赫寿前往调查处理。临行前夕，李光地十分郑重恳切地对赫寿说："万世瞻仰在此行也。"赫寿为李光地的临别赠言所感动，在处理这场土地纠纷中维护了直隶人民的利益。

维护民众利益

为了保障人民的生活，李光地先后采取了定常平仓咨部辄发事例，发富民之粟，制定社仓法等一系列有力措施。

康熙三十九年正月，李光地上疏请定常平仓咨部辄发事例。在传统社会中，国家设有常平仓，在灾荒之年用来赈济百姓，在青黄不接之时用来平抑粮价。每年春天青黄不接的时候，国家如不及时发放粮食，市场粮价就会急剧上涨，一般贫苦百姓就要挨饿。但是，由于传统的官僚体制办事拖沓，地方官的一份请求发放粮食的报告送到朝廷，先要让皇上知道，然后再下到户部讨论研究，再将研究结果报告皇上，由皇上定夺，不拖上一两个月是得不到批复的。因此，即使有了设立"常平仓"以接济百姓的良法美意，老百姓仍然免不了要挨饿。李光地看到了这一弊端，于刚开春时就预先上疏皇帝，陈述旧的规章制度手续过多，"动愆数旬，使良法美意不得及时以济农畎之急"，特恳请简化手续，让户部一接到地方官的报告立即发放粮食。这一建议得到了康熙帝的批准，将其作为法令而规定下来。

在中国传统社会中，要想官做得稳，除了仰承朝廷、巴结上司外，还得维护地方上的绅衿豪强们的利益，事事"谋及绅士"。对于担任直隶巡抚的李光地来说，也面对着是维护人民的利益还是维护"富民"们的利益的矛盾，李光地是站在维护人民利益立场上的。康熙四十二年，直隶省又有几个州县因水灾而歉收。对于一般民众来说，这是一场灾难；而对于家中囤积了大量粮食的地主和富商来说，这是发财的好机会。鉴于仅靠政府发放粮食来接济贫民十分有限，李光地乃采取了"发富民之粟"的办法，"令富家不得擅园仓之利，庶小民不得有升斗之艰"。这一做法虽然损害了地主和富商们的私利，对人民群众则是有利的。从客观上来说，这一做法也有利于维护传统政治的稳定和国家的长治久安。当然，这一做法也不是光地的发明，在光地之前，明朝末年就有一位名叫李琎的江南武生上疏崇祯皇帝，提出了类似的救荒办法，但遭到大学士钱士升的驳斥，崇祯帝亦将此事搁置而不予施行。清朝康熙年间，采用此种办法来接济贫民的，除李光地外，还有江苏巡抚张伯行。这种做法往往得罪地方上的绅衿豪强，而遭到这些人的记恨，连康熙帝对这一做法也是有微词的，他的腔调与明末大学士钱士升的腔调差不多，无非是说治天下要依靠"富民"。

为了更好地发挥农村基层组织的社会保险功能，康熙四十三年春，李光地在河北农村广泛推行"社仓法"。他首先说服各地吏民根据自己的能力拿出一些粮食来，共得数万石，分别储存在所在乡村，名之曰"社仓"，以便在灾年接济贫民。同时，光地又为此制定了"社仓法"：丰年大量储存粮食，不丰不歉之年用新粮换取陈粮，歉收之年根据各家各户的人口发给救济粮；所在地方官吏不得干预社仓的粮食出入，社仓的主持者则必须在每年秋后将社仓的存粮数目上报官府以备查考。李光地认为，只有这样做，才能给民众带来永久的利益，而不至于有诸如地方官吏挪用社仓存粮、侵犯群众利益的弊端。

在清代，人民的负担是很重的，国家在一年中征收的赋税，往往超过了人民的承受能力，常常是当年的赋税要断断续续地拖到来年才能交完。遇上灾荒之年，皇帝开恩，特准蠲免该年的赋税，但往年积欠的赋税并未停止征收，受灾的民众仍然还得交纳。即使不是灾年，皇上一时高兴了，蠲免某些地方一年的赋税，但由于官府继续征收上年积欠的税收，仍然达不到"与民休息"的目的。更有一些贪官污吏，借口征收旧税，又增新额，从中渔利，使得人民根本不可能从皇上的"恩典"中得到实惠。

康熙四十四年四月，李光地又向康熙帝提出了"蠲免之岁概停旧逋之征"的建议，李光地指出："蠲免之岁，旧逋未与停止，故官吏追呼不辍，不肖者或缘旧逋以罔新额。"为了切实减轻人民的负担，使人民真正从政府的政策中得到好处，李光地坚决主张在蠲免赋税的一年中将以往积欠的赋税一概免除。他对皇上说："上视民如伤……概停旧逋之征，则民终岁休息，实沾鸿仁矣。"康熙帝接受了光地的建议，将此作为法令颁行全国。

北京有琉璃厂和亮瓦厂，清政府巧立名目对其征以重税，工人生活十分困苦。光地在直隶巡抚任上时就想建议朝廷减少对二厂的税收，考虑到主管部门的官员必定会极力阻挠，所以没有立即提出。到了康熙四十四年十一月，李光地被拜为文渊阁大学士，未及回京赴任，就迫不及待地在保定上疏康熙帝，请豁免琉璃、亮瓦二厂间架之税。康熙帝将这份上疏交工部官员讨论，工部官员仍持反对意见。但由于光地坚持要革去这一弊政，终于减免了琉璃、亮瓦二厂的部分税额，这是李光地拜文渊阁大学士后办的第一件事。

终康熙一朝，有一次影响最大的轮免天下钱粮的活动，即从康熙五十年起，三年内全国各省轮流免征钱粮。这一轮免的办法，亦是李光地为康熙帝出的主意。根据安排，头一年轮到的有直隶、奉天、浙江、福建、广东、四川、云南、贵州等九省，次年为山西、河南、陕西、甘肃、湖北、湖南六省；再次年是江苏、安徽、山东、江西四省。三年中，计免除地亩银24459744两，人丁银3394425两，历年旧欠银4110528两，统共31964697两。这一重大举措，在一段时间内确实减轻了人民的负担，有助于人民的休养生息。

整饬科场

清代的科场舞弊和卖官是颇为突出的两大弊政。早在清朝刚刚开国的顺治帝时代，就连续发生了三次轰动全国的"江南科场案"。至于卖官，也是从清初就已开始，而始作俑者就是康熙帝。

　　然而在康熙时代，李光地却为整饬科场和禁革卖官作了不懈的努力。他认为，整饬科场和禁革卖官是防止政治腐败的最重要的两件事，说："事有宜急者，有急不得者，如朝廷目下于科场作弊、捐纳这两事，真该一刀两断，急急断绝的。"由于李光地的不懈努力，科场作弊的腐败风气受到了遏制，康熙朝持续数十年的卖官弊政亦于康熙五十二年被废止，尽管在整个清朝的历史上，这一弊政也只是暂时被废止而已。

　　担任考官或提督学政，是李光地一生作为的一个重要方面。李光地深知科场积弊，很早便有志于对科场加以改革。康熙三十二年（1693），李光地受命提督顺天学政，"畿辅势要鳞集，宿学遏抑，光地一切谢绝，士气顿伸"。康熙三十五年，李光地受命考核旗籍，有皇亲国戚前来为子弟仕进请托，李光地不畏权势，晓以大义。他说："黉序名额，学臣所司，非学臣所有，未敢徇情以邀私好也。"连皇亲国戚都碰了钉子，于是那些贵族大官们再也不敢为子弟登门请托了。

　　康熙五十年秋，江南乡试，副考官赵晋徇私舞弊，主考官左必蕃听之任之。发榜之后，舆论大哗，群情激奋，"财神入学官""左丘明瞎眼无珠，赵子龙浑身是胆"的讥讽之词从苏州传入京城。与此同时，江苏巡抚张伯行亦将江南科场舞弊案上疏朝廷。李光地连忙入宫，将副考官赵晋与朝廷编修杨某内外勾结的事实面奏皇帝，并指出："此风不革，科场又安得真士而取之，朝廷又安得良臣而用之乎？"康熙帝随即将杨某革职，并派尚书张鹏翮、侍郎赫寿前往江南审理此案。此番调查，查明了江南举人吴泌、程光奎交通贿赂的事实，且与江南总督噶礼有关。于是，巡抚张伯行乃上疏康熙帝，请将为官贪横的噶礼解任。在这种情况下，噶礼又上疏反诬张伯行。康熙帝只好派大臣前往江南复查，拖到次年二月，此案仍未完全了结。光地又进言："科场情弊，人才攸关，百年因循，于今尤炽，若不卒究根株，重加惩艾，后安所疗乎？"由于两次派往江南审理此案的大臣都徇私偏袒噶礼，朝中大臣也为噶礼讲话，反倒使为官清正、揭露江南科场舞弊案的张伯行危在旦夕了。在这关键时刻，光地又不得不挺身而出，向康熙帝上密折以救张伯行，并指出："科场一案，坏乱已极，士气沮塞，物论沸腾……乞将一干人犯著解来京，发刑部严加鞫讯，则尽三秋可以结案，官邪儆而国法伸矣！"康熙帝这才下令仍让张伯行担任江苏巡抚，将噶礼革职，将副考官赵晋等绳之以法。

对于清政府卖官鬻爵，李光地一向持反对态度。康熙三十一年，由李光地推荐到朝廷担任言官的陆陇其上疏请求停止捐纳（卖官），康熙帝大怒，幸亏光地为陇其巧为辩解，陇其才得以免去一场横祸。康熙帝我行我素，将捐纳制度继续推行。主持卖官事务的内阁大臣根据"廉价多销"的经济学原则，降低官价，以便从民间搜刮到更多的金钱。李光地坚持自己的主见，不肯在主持者拟定的文件上签字。主持者发火了，对光地说："向日事例需价过昂，故急公者少，今稍贬，诚计之至便者，而公必立异，何也？"光地正气凛然地回答说："夫名器者，国之宝也。公徒知价贬而售多，独不思售愈多则名器之亵越甚乎？"主持者虽然无言可对，但为了迎合皇帝的旨意，依然继续推行卖官的弊政。此后，卖官的弊政愈演愈烈，"三年清知府，十万雪花银"这种一本万利的买卖，吸引着成千上万的营进之徒。然而官职的数量毕竟有限，因此，即使有钱买官也未必就能买到，而能否买到就看是否善于行贿，于是成千上万的求官者就纷纷进京为获取一官半职而到处打通关节，以至"自邸第以及衙舍无所不遍"。收受了贿赂的京城官员们也就不能不为这些人谋利益。官位不够怎么办？巧立名目、胡乱设置就是了。这帮人的势力很大，以至于一些以往对卖官持反对态度的官员也不得不违心地在卖官的文书上签字。在这种情况下，李光地再也忍无可忍了。他深知，这成千上万的进京求官的人倘若都当了官，就要尽快地猛捞一把，这就不啻给神州大地上增加一大群饥渴得发疯的虎狼、一大片铺天盖地而来的蝗虫，人民更要遭殃。

康熙五十一年（1712）七月初四日，康熙帝又为卖官巧言辩解，他说："捐纳亦非好利也，一免钱粮便至三千余万，若爱惜银钱，何如少免。"在康熙帝看来，免钱粮是大事，足以救百姓，开捐纳是小事，原与百姓不相干。然而在李光地看来，免钱粮却是小事，开捐纳却是大事。"此事须细讲方明。于今科甲果然个个要钱，且举人进士用银子买也，是暗地里的捐纳也。未必一止了捐纳，天下便治；只是阻止了捐纳，存了国家一点大体。"李光地认为，如果官职可以公开地花钱买，举人进士也可以暗地里花钱买，这个国家还成何体统！

康熙五十二年二月，李光地决心坚决制止卖官，他向康熙帝上了"请止捐纳事例"的密奏，恳切陈言："今四海升平，正慎重名器之时，而条议捐纳，殊失惩儆官邪、爱惜民生之意。"康熙帝总还算明智，终于听从了光地的意见，停止了卖官。

澄清吏治

中国历代帝王，在维护老百姓的利益还是维护官僚的利益之间，很难作出非此即彼的选择。明智的帝王都知道，人民好比水，帝王好比舟，"水能载舟，亦能覆舟"，如果听凭贪官污吏作威作福，总有一天要被人民推翻；但是，皇帝毕竟是"与士大夫治天下，非与百姓治天下"，治天下靠的是庞大的官僚士大夫队伍，这批人也惹不起，他们也会闹事、耍无赖甚至搞政变。康熙帝极力推行清官政治，树了一些清官的典型，如李光地、陆陇其、张伯行等，也杀了几个县一级的贪官污吏。但出于维护统治集团利益的目的，对于省级以上官员，特别是总督、巡抚和内阁大臣的贪污受贿行为，即使已被揭发，也很少予以追究。例如对于专与李光地作对的内阁学士徐乾学的收受贿赂案，康熙帝就为他打了掩护；对于几个民愤很大的总督，也只是将他们调任了事。

官员之所以贪污，也有一个客观原因：清沿明制，对官员实行低薪制。而关于官员的俸禄与廉政的关系问题，朝廷中也早有争论。康熙帝坚持对官员实行低薪制，也表彰清官，但另一方面对官员额外索取和接受馈赠则网开一面。对文官如此，对吃兵饷的武官也是如此。为了论证武官克扣兵饷的合法性，康熙说："武官比不得文官，自然也要占几名兵粮，不然吃用从何来？"与康熙的意见不同，李光地主张增加官员的俸禄，"官俸既足，然后教他廉，奖廉惩贪也要一番猛厉，方得肃清振作"。徐乾学、高士奇迎合皇上，驳斥李光地："就与俸禄足，彼之所应得者岂能使之不得？不若省俸是为实际也。"在徐乾学等人看来，官员们不在乎朝廷给他们加几个薪水，加薪又能加几个钱呢？只要允许他们接受馈赠和额外索取那就够了。李光地则用一句话点破了徐乾学等人的用心："此以便其私，而害中于根本。"但康熙出于维护官僚特权以利其统治的眼前利益，并未接受李光地的意见。

康熙帝喜欢到处巡视，各地官员无不把此事看作讨好皇帝及其近侍的大好时机。康熙巡视江南时，江宁织造李煦为之花费白银数十万两。巡视山西时，巡抚噶礼为康熙造行宫花去白银十八万两，又专门组织了一大帮妓女和老百姓通宵达旦站立道旁迎候；康熙一到，就向他献上美女四人，康熙虽没有接受，但其近侍和随从大员都接受了礼物，价值白银十五万两。但李光地任直隶巡抚时，却从不让皇帝的近侍、随从捞到一点好处。康熙三十八年（1699）二月，康熙南巡经过直隶，李光地供应从简，已使康熙帝的随从们怒火中烧。同年五月，康熙回京又从直隶经过，李光地同样供应从简，随从们的怒火终于爆发了，开始叫骂起来。李光地只好对康熙解释："畿甸翠华时幸，一切供应，臣皆过从减损，以纾民力。"康熙为了维护自己的形象，也只好说："随从有敢罔法扰民者，先按治，后以闻。"随从们这才老实了一点。

李光地在任直隶巡抚期间，为了保证治理永定河、子牙河工程的顺利进行，着重对贪污河工钱粮的河道官员进行了查处。康熙三十八年七月，李光地弹劾永定河分司吴禄礼。吴禄礼依仗着朝中有人，不仅"不报奏销"，而且对李光地不让他胡乱索取钱粮、"节其请给"而大为不满，上告李光地贻误工程。康熙派侍郎罗察前往调查，这位侍郎也想借此捞一把，示意李光地，可李光地偏不买账，于是罗察就回京诬告李光地，为吴禄礼辩护。与此同时，李光地亦已将吴禄礼贪污钱粮的事实调查清楚，并写成疏文上报朝廷。于是，康熙帝又派尚书萨穆哈复审，终于将吴禄礼革职，沿河民众无不为之拍手称快。康熙三十九年十月，李光地又奏请清查原任河道总督王新命、工部侍郎赫硕兹侵吞河工钱粮中饱私囊的罪行，终于将王新命、赫硕兹捉拿，由吏部、刑部、工部三部大员严加议处。此二人被查处，对大大小小的河道官员们震动很大，不敢再侵吞河工钱粮。

李光地致力于澄清吏治的又一重大举措，是惩治了走私食盐的原任云南布政使张霖。盐政是国家财政收入的重要来源，禁止食盐走私也是基本国策之一。但比较好禁的是百姓的走私，最难禁的是"官私"。四川省夔州知府程如丝的走私行为被揭发后，程氏大肆贿赂上司，仅四川巡抚蔡珽一人就得银66000两，金900两，蔡收贿后即在皇帝面前"力保如丝为四川第一好官"，程如丝因此而由知府升任四川按察使，由一个该判死刑的罪犯当上了主管一省司法的最高长官。

到了康熙中期，官员走私已经到了十分猖獗的地步。云南布政使张霖利用其主管一省财赋和人事的权力，倒卖私盐，获利160余万两。尚在直隶巡抚任上的李光地风闻张霖倒卖私盐发了横财，乃于康熙四十四年五月将这一情况向康熙作了汇报，要求予以调查，依法惩治。

此时康熙帝也觉得要对贪赃枉法的大官抓个典型，于是就将这件事交给李光地去办。从当时社会的常规来说，像这样的大官犯下的大案是几年也查不清楚的，一方面固然是阻力重重，但更重要的是另一方面，即办案官员拖拉、敷衍，替自己留后路，甚至收受贿赂，徇情庇护。而李光地仅以七个月的时间，就将此案审理完毕，部议判处张霖"立斩"。康熙帝开恩，改判秋后斩决。在康熙朝，大官们很少因为经济问题而被杀头，李光地主持惩治了张霖，对打击官员们的走私活动起到了一定的作用。

平反冤狱

康熙时代被称为太平盛世，但仍然是冤狱遍于国中。方苞因《南山集》案株连入狱，写了一篇《狱中札记》，将真实情况和盘托出，令人读得毛骨悚然：贪官污吏和狱卒们只要能够得到钱财，就可以让死刑犯逍遥法外，而被杀头的则是些没有钱的替死鬼。

冤狱不仅在民间，官员中也有冤狱。真正的坏官很难得到惩处，而好官则险象环生。康熙帝对惩治官员的经济犯罪不重视，但对政治上的"大不敬"罪则十分敏感，如果没有人给他澄清事实，断不肯轻易放过。于是，对好官从政治上进行诬陷，就成为贪官污吏们陷害好人的主要手段。李光地受过几次政治上的诬陷，深知此辈手段之险恶。

李光地一生中救了不少人的命，但从平冤狱的视角看，最具代表性的有两件事：一是平反了江宁知府陈鹏年的冤狱，这是救被陷害的好官；二是平反了瑶民田舜年的冤狱，这是救受冤屈的平民百姓。

陈鹏年，字沧州，湖南湘潭人，康熙三十年进士。最初在浙江任知县，查处了恶霸地主强占数千户农民土地的大案。后来任海州知州，亲自监运数千石粮食前往兖州赈济饥民，"全活数万人"。不久调任江宁知府。康熙四十四年（1705），皇帝南巡，江南总督阿山要增收地丁银来讨好皇上，陈鹏年不同意；康熙的随从们向他索要馈赠，他也不理。于是这些人就向康熙进了谗言，说陈鹏年在妓院故址建学堂宣讲圣谕。康熙大怒，立即罢了陈鹏年的官，将他关进监狱，并叫阿山负责审理，随后就打道回京了。江宁市民听到陈鹏年被关进监狱的消息，群情激愤，以罢市抗议，江宁府的一千余名生员也打起旗帜要进京请愿。阿山无视人民呼声，硬是要以"大不敬罪"判处陈鹏年死刑。在这一紧要关头，李光地向康熙帝反映了江南人民的呼声，说阿山"劾陈鹏年犯清议"，康熙帝这才将陈鹏年免死，将他召到武英殿编书，不久又让陈鹏年出任苏州知府。

康熙四十八年，陈鹏年又险遭横祸。江南总督噶礼在陷害巡抚张伯行的同时，又加害于陈鹏年，刑部要将陈鹏年发配到黑龙江去。由于李光地力保此二人，康熙才没有批准刑部的判决。噶礼仍不死心，又上密折告陈鹏年写的咏苏州虎丘诗中含有对皇上不满的意思。康熙听从了李光地的意见，在令九卿改议张伯行案的同时，明白谕示："噶礼曾奏陈鹏年诗语悖谬，宵人伎俩，大率如此，朕岂受若辈欺耶？"李光地去世后，陈鹏年被任命为河道总督，为了治理黄河水患，他"止宿河埦，寝食俱废"，终于累死在黄河大堤上。

康熙四十五年十月，湖广总督上疏，说瑶民田舜年有"僭越"行为，应该处以死刑。当时李光地刚从直隶调京辅政不久，见到这份上疏，立即对康熙帝说："瑶民住在离京城万里以外的深山之中，即使有冤屈，也难以申冤。"为了处理好国内民族关系，光地建议对此事必须慎重处理，不可枉杀一个，激化民族矛盾，应再派一位"方直有威重"的大臣前往审理，"三加明察"，这样南方的少数民族才能倾心归化。康熙帝接受了他的建议，另派大学士席哈纳前往复审，果然查明了田舜年确系冤枉，将诬告者绳之以法，群情激愤的瑶民们也因此而心悦诚服。

康熙四十六年，继任直隶巡抚为了加强地方上的社会治安，建议朝廷订立"十家连坐之法"，就是说十家中有一人犯罪，就要治十家人的罪，李光地反对说："作案的人行动诡秘，连他的父母或主人都未必知道，左邻右舍又怎么可能知情呢？这样胡乱株连，绝不是好的政治。"由于光地的坚决反对，此事作罢。

康熙五十年，福建漳州、泉州一带因灾荒而发生民变，福建巡抚逮捕了以饥民陈五显为首的一批人，民变才算平息。消息传到朝廷，李光地征得康熙帝同意，立即紧急调拨大米三十万石运往灾区。然而，对于如何处理陈五显等人却有不同意见，按照惯例，以往朝廷对于民变，是要杀一大批人的，对于领导者，更要施以凌迟、灭族的酷刑。李光地则向康熙帝进言道："五显之发，非设心为乱也，迫于饥馑耳。"不能容忍人民有任何反抗举动的康熙帝仍决定将陈五显等五人判处斩首。但即便在作了这样的处理后，福建地方官仍想邀功请赏，又逮捕了陈五显等五人的家属和族人男女老幼共一千三百余人，要将他们统统流放到东北去。在这种情况下，朝臣中也只有李光地一人敢于面见康熙帝，请求免去陈五显余党家属的流配之罪。

由于李光地恳切陈词，晓之以理，动之以情，康熙帝这才同意将这些人释放。

荐拔人才

在清代，选拔人才有从隋唐传下来的科举制度。但是，由科举而进入仕途的人未必都具有治国经邦的真才实学，因此，朝廷用人，特别是官员的升迁，还得靠大臣的推荐保举。

然而在传统政治下，推荐人才有两难：一是有"朋党"之嫌。皇帝一方面要大臣荐拔人才，来协助治理国家；另一方面又要防范大臣借推荐人才来培植自己的势力，结成朋党。康熙三十年以前，朝臣间的朋党之争十分激烈，使得康熙帝后来对朋党问题总是保持高度的警觉。二是可能受连累。被荐拔的人任官后如有什么过失，推荐者就有"妄奏"之罪，也要受到惩罚。因此，皇帝如果想把某个大臣整一顿，就常常从这位大臣所推荐的人身上挑毛病；朝中的人如果对某位大臣心怀嫉妒，或挟仇怀恨，也往往从这位大臣所推荐的人身上找岔子。

以上两难，李光地心里十分清楚。但他有自己的主见，不管皇上如何猜忌，也不管小人们如何陷害，甚至不怕皇上与小人联合起来整自己，总是保持着"不拘一格荐人才"的可贵精神。被李光地所推荐的，多是当时比较杰出的人才，其中施琅收复了台湾，此外还有陆陇其、方苞、杨名时、梅文鼎、何焯、李绂、蔡世远、马见伯等。

1. 李光地与陆陇其

陆陇其（1630～1692），字稼书，浙江平湖人，清初理学家，著有《困勉录》《松阴讲义》《三鱼堂文集》等书。康熙九年进士，十四年授江南嘉定知县，二十二年任直隶灵寿知县。此人的优点和缺点都很突出。其优点一是为官清廉，离任时两袖清风，唯有图书数卷和夫人的织机十具。二是性格耿直，疾恶如仇。其缺点，一是在学问上门户之见特深，凡与朱学稍有不合者都被他视为叛逆；谁要把陆王大骂一通，他就待若上宾。二是从事实际工作的组织管理能力差。李光地知道其缺点，但更看重他的优点，觉得这样的人从事纪律检查工作是再合适不过的了，所以推荐他当了朝廷的言官。当时，朝廷正在年复一年地对噶尔丹用兵，为了满足军需，康熙帝授意卖官，只要肯出钱就给官做，谓之"捐纳"。这一做法在最初实行时还有巡抚保举的附加条件，但后来连保举也可以花钱买了。对这一点，李光地、陆陇其都看不惯，但李光地知道"说了也白说"，陆陇其则认为"不说白不说"，这意见一定要提，要皇帝立即停止卖官。康熙帝火了，骂他"懵懵不知事情"，又骂道："蛮子（指汉人）哪有一个好人，罢了，索性放一汉军！"要将陆陇其流放到塞外去。由于陆陇其是李光地推荐的，又传旨责问李光地。在这种情况下，李光地不能硬顶，只好说了一句"陆某不谙事理"，但紧接着又加上一句：陆陇其毕竟是一个持己清廉的人。言下之意就是：你皇上如果惩治这样的清官，看你怎么向天下人交代！康熙帝这才冷静了一点，没有治陆陇其的罪。

2. 李光地与方苞

方苞（1668~1749），字凤九，号灵皋、望溪，安徽桐城人，是江南的一位文学豪迈之士，著名的散文家，为桐城派古文的创始人，因给戴名世《南山集》作序而被牵连入狱。戴名世（1653~1713），康熙四十八年（1709）进士，授翰林院编修。名世从年轻的时候起，就以修明史自任，为此，"遍访遗书，网罗故志传闻"，欲"成一家之言"。康熙四十一年，戴名世将他的文章书信辑合在一起，取名《南山集》，正式刊刻于世。方苞为《南山集》作序。《南山集》谈到了南明的历史，说"弘光之帝南京，隆武之帝闽越，永历之帝黔滇，地方数千里，首尾十七八年"；又说"世祖虽入关十八年……明祀未绝，若循蜀汉之例，则顺治不得为正统"。该书刊刻流行了七八年，也没有人告密。但戴名世刚刚当上翰林院编修不久，就有他的汉族同胞向皇帝打小报告了。康熙五十年十月，左都御史赵申乔对戴名世提出纠参，康熙立即命刑部严察申明具奏，刑部判戴名世"即行凌迟"，帮助刊刻《南山集》的已故方孝标"剉其尸骸"，戴、方二人的祖、父、子、孙、兄弟及伯叔父兄弟之子年十六岁以上者"即行立斩"，母女妻妾姐妹、子之妻妾、十五岁以下子孙和伯叔兄弟子"给功臣家为奴"，与戴交往的人亦按等议罪，方苞被判斩首。

在这种情况下，李光地很想救方苞和戴名世，但戴名世获救的可能性几乎没有，方苞获救的可能性是有的，但也要冒很大风险。尽管如此，李光地还是为救方苞和戴名世作了最大的努力。趁着词臣汪霦去世的机会，光地去见康熙帝。康熙叹道："汪霦死，无复能为古文者。"李光地乘机进言："必如班马韩柳，诚急未得其人，若比霦者，才固不乏，即如案中之方苞，其古文词尚当胜之。"康熙又问作古文仅次于方苞者是谁，李光地说是戴名世。当时在场的人听到李光地讲方苞和戴名世的好话，吓得直发抖，而李光地泰然自若。最后，康熙虽然不肯赦免戴名世，却赦免了方苞，命方苞入蒙养斋修书。既然为《南山集》作序的方苞都已赦免，再杀其他的被牵连者也就没有道理了。于是，除戴名世被处斩外，"全活者三百余人"。连拼命诋毁李光地的全祖望也不能不承认这一事实，说方苞"会遭奇祸，论死，安溪（李光地）方倾倒于公，力救之"。乾隆时期，方苞担任礼部右侍郎和文颖馆、经史馆、三礼馆总裁，有《望溪全集》传世。

3. 李光地与杨名时

杨名时（1661~1737），字宾实，江南江阴人。康熙三十年

（1691），李光地督顺天学政，器重名时的学识，将其录取为进士，选庶吉士，从李光地受经学散馆后，授官翰林院检讨，经李光地推荐而当上顺天学政。但康熙帝对这位学政并不满意，斥他"有意弃富录贫"，只有不受贿赂一点可取。康熙五十三年出任陕西考官。次年三月，李光地请假还乡，临行时又再次向康熙帝推荐杨名时，奏曰："臣崦嵫景短，无以自效其未尽之志，此人若蒙任用，必不负圣知，臣虽归骸泉壤，上犹得以致其然否也。"康熙帝这才同意对杨名时予以重用。康熙五十六年，杨名时被任命为直隶巡道，行使按察使的职能。名时按察直隶，发现直隶"剧吏为奸"，因而"革宿弊殆尽"。五十八年任贵州布政使，五十九年任云南巡抚。雍正三年（1725），擢兵部尚书，改授云贵总督，仍管巡抚事。名时在云南时，严厉约束从西藏撤回的大批清军，不准他们扰民；又致力于减轻云南人民的负担，"所取民者去十之七，民困以苏"；同时，在处理边疆的民族关系方面亦作出了重要贡献。

　　还值得一提的是后来在收复西藏的战争中立下了功绩的马见伯。马见伯是宁夏人，以武进士授直隶府正守备。见伯并非一介武夫，而是一位精通兵法、善于治军的将才。李光地督学时，经过正定，就已与马见伯相识，器重他的才干。李光地任直隶巡抚时，提拔马见伯为中军游击。李光地乘船巡视永定河，夜泊河岸，深夜披衣打开舱门，见一人左持弓矢，右挎利刀，坐在舱门外。李光地问是何人，才知是马见伯。问他为何夜间不睡，马见伯说："公野泊于外，警守不可以懈，防遏意表，中军分也。"李光地笑道："际时清平，复何所怵？而君达晓凝坐，无乃惫乎？"马见伯答说："凡为将者，日夕警惕；倘床榻偷安，习久益惯，何以备疆场驱策乎？"李光地深为嘉叹。后来，李光地屡次向朝廷推荐马见伯，让他历任山西总兵、天津总兵、固原提督。康熙五十九年，清政府决定派军队进藏，驱逐侵入西藏的准噶尔军队，特命马见伯参赞军务，协助平逆将军贝子延信率领中路军从青海向西藏进军，一路所向披靡。八月，与从成都出发的东路军会合，收复拉萨。

振兴学术

康熙时代的学术文化，从明清之际的文化背景来看，是一个承先启后、继往开来的历史阶段。作为清政府文渊阁大学士的李光地，为康熙时代学术文化的繁荣作出了重要贡献。他倡导会通中西天文历算之学，既继承了明末徐光启所开创的学风，又带来了康、雍、乾三世天文历算之学的繁荣；他提倡"朴学"，领风气之先，推动了后来乾嘉学派的兴盛；他为清政府奠定了思想统治的重心，延续了中国传统文化。

1. 倡导会通中西天文历算之学

早在康熙二十六年（1687），李光地就劝说康熙帝要重视引进西方的天文历算之学。李光地在与康熙的一次长谈中，有意将话题引到天文历算方面。他先讲中国古人的历法稍久必差，而西洋人在这方面却甚有研究。康熙帝问："西洋历法果好么？"李光地回答说："其法现行甚精密，臣所取者其言理几处明白晓畅，自汉以来历家所未发者。"李光地的这一席话，激发了康熙帝对西方天文历算之学的兴趣。在那个时代，皇帝对一门学问重视与否，关系到这门学问的盛衰。

在劝说康熙帝重视引进西方天文历算之学以后，李光地又发现和大力支持了大天文学家和数学家梅文鼎的科学研究事业。

梅文鼎（1633~1721），字定九，号勿庵，安徽宣城人，是清初一位会通中西天文历算之学的大学者，比李光地大九岁。康熙二十八年冬，他不远千里来到北京，访问在钦天监供职的西方传教士南怀仁。李光地前往会见梅文鼎，从此订交。同年，李光地将梅文鼎所著《方程论》一书刊刻印行。十年后，梅文鼎再次北上，谒见李光地，提出向天下读书人普及科学知识以促进科学研究的建议，李光地十分重视，立即鼓励他写一本普及性的小册子。同年冬天，梅文鼎写成了《历学疑问》一书，李光地亲自主持校刻。康熙四十一年十一月，康熙帝南巡驻跸德州，李光地将这本书进呈。不久，康熙帝西巡，途中向光地问及"隐沦之士"，光地再次推荐梅文鼎。

康熙四十二年，李光地将梅文鼎请到其官署之中，既为他提供了科研和写作的条件，又借助公务之余与他一起研究讨论欧几里得的《几何原本》等著作。同年，李光地还亲自主持将梅文鼎的著作《三角法举要》《弧三角举要》《笔算堑堵》《测量环中》《交食蒙求》《历学骈技》等七本书加以刊刻印行，并且请梅文鼎给自己的学生陈万策、魏廷珍、王兰生及儿子李钟佐等数十人讲解天文历算之学。看到学生们在梅文鼎的指导下学业日进，李光地非常欢欣。

康熙四十四年，康熙帝南巡。同年闰四月，李光地又再次向康熙帝推荐梅文鼎，由此梅文鼎才得以被康熙帝召见。四月十九日，李光地偕梅文鼎迎御舟于运河边，康熙帝请他们到舟中叙谈，"从容垂问，至于移时。如是者三日"。经过三次交谈，康熙帝对梅文鼎大加褒奖，曰："历象算法，今鲜知者，如文鼎真仅见也。"特赐"绩学参微"四个大字。

由于康熙帝的重视和李光地的大力提倡，全国学者中形成了一种注重研究天文历算之学的风气：江苏有潘耒、陈厚耀、惠士奇、孙兰、顾栋高、庄亨阳、顾长发、屠文漪、丁维烈等；安徽有方中通父子、余熙、梅文鼐、梅文鼏、梅毂成等；浙江有徐发、吴志伊、龚士燕、陈讦、王元启等；江西有揭子宣、毛心易等；湖北有刘允恭；河南有孔兴泰、杜知耕；山东有薛凤祚；福建有李光坡。一时人才辈出，蔚为风气。

2. 表彰朴学

中国素来有所谓汉学宋学之争。宋学注重的是阐释古代经典的"微言大义"，宋明理学就是如此。汉学与宋学二者的治学方法不同，因此有门户之争。朴学又称"考据学"，属于汉学的范畴。李光地是讲理学的，但他并没有那么多的门户之见，他既推崇宋学，也推崇汉学，认为这两种不同的治学方式都有利于学术的繁荣。他以文渊阁大学士的身份，亲自撰写了《顾宁人小传》和《阎百诗小传》，表彰顾炎武和阎若璩这两位著名的朴学家的学问。

在《顾宁人小传》中，李光地赞扬顾炎武"自幼博涉疆识，好为搜讨辩论之学，十三经诸子旁及子集稗野、列代名人著述，微文碎义，无不考究。骑驴走天下，所至荒山颓址，有古碑版遗迹，必披榛菅、抉斑藓读之，手录其要以归，十余岁至七十而老，勤如一日，于六书音义为独得"。光地回顾自己年轻时对音韵学一无所知，幸亏得到顾炎武的指教，但当时自己并未完全听懂，后来家居七年（耿精忠叛乱及为父守制期间），只得独立地对顾炎武的学问进行研究，而再来北京时，顾炎武已经与世长辞了。光地对此深以为憾。对于顾炎武学问的价值，李光地亦给予了高度的评价，他指出："有顾氏之书，然后三代之文可复，雅颂之音各得其所语声形者，自汉晋以来未之有也……尚有《日知录》数十卷，识大小，复同异，辨是非，亦有补于学者。"此外，光地还向人们介绍了顾炎武在地理学方面的成就。他还说，尽管不少江南的读书人攻击顾炎武，但在学问的"博雅淹洽"方面，是没有人能与之相比的。

阎若璩（1636~1704），字百诗，号潜丘，祖籍太原，客居淮安，科场受挫后，遂潜心著述，成为著名的朴学家。李光地在直隶巡抚任上时，阎百诗曾不远千里托人将自己的几部著作带到保定，呈送给李光地。光地一直以未能与百诗谋面而感到遗憾。等到当上大学士以后，想要请阎百诗出山时，已经晚了，光地深以为悲哀。在《阎百诗小传》中，李光地充分肯定朴学的学术价值，对华而不实的文风和贬低朴学的观点大加抨击。他认为，那些贬低朴学的人，无非是些"恶赜就简"，即不愿下苦功夫作深入探讨而只图省力的人，是"自恬于讹陋"，即不以自己的浅陋无知为耻的人，这是儒者的耻辱。至于阎百诗的学问，则是"极博论极核，间有出新意、扫沿说者。其持辨本末，悉有所据"。李光地的《阎百诗小传》，是模仿司马迁《史记》中的《伯夷列传》《屈原贾谊列传》而作的，以此寄托了对这位学者的深切哀思。

在《阎百诗小传》中，李光地还表彰了著名史学家万斯同，将他与梅文鼎、阎若璩相提并论。万斯同（1638～1702），残明遗老黄宗羲的学生。万斯同注重史学，其治学方法颇近朴学路数，"于有明十五朝之实录，几能成诵，其外，邸报、野史、家乘，无不遍览熟悉"。康熙十八年（1679），朝廷开明史馆，他遵黄宗羲"国可灭，史不可灭"之教应聘北上，"以布衣参史局"。他主张修明史应以历朝实录为主要依据，但反对拘泥于实录。他曾以《太祖实录》和《孝宗实录》为例，对其中歪曲史实、颠倒是非之处作了有力的揭露。他的治史方法是："凡实录之难详者，吾以他书证之；他书之诬且滥者，吾以所得于实录者裁之。"这亦完全是朴学的方法。李光地对万斯同的表彰，正是对其治学方法的鼓励与支持。

李光地以文渊阁大学士的身份推崇朴学，亲自为朴学家作传，对于扭转当时的浮华学风、后来朴学的兴盛无疑发挥了巨大的作用。近代的大学者梁启超、胡适都对朴学的治学方法给予了高度的评价。他们都把清代的朴学看作中国式的"文艺复兴"的重要组成部分，认为朴学的方法实际上是近代科学的方法。

3. 编纂《朱子全书》《性理精义》

康熙十九年（1680），李光地向康熙帝提出将"道统"与"治统"合而为一的政治主张，极言"学之系于天下大矣"，孟子谓五百年必有王者兴，"自朱子以来至我皇上又五百年，应王者之期，躬圣贤之学。天其殆将复起尧舜之运而道与治之统复合乎！"二十五年，李光地担任翰林院掌院学士和日讲起居注官以后，经常和康熙帝在一起研究程朱理学。康熙四十四年，李光地被授予文渊阁大学士，史载康熙帝几乎每日都召李光地入宫切磨性理。经过君臣间的长期切磋，康熙帝决定将朱子学确立为清王朝思想统治的重心。

康熙四十五年（1706），敕谕李光地编纂《朱子全书》。在编纂《朱子全书》的过程中，李光地为了突出他所推崇的《大学》的"修身齐家治国平天下"思想，曾提出调整《朱子全书》的编次，将论治诸目（君道、臣道、养教、兵刑、用人、理财等）移到四书六经、诸儒、诸子前面，以体现"《大学》格、致、诚、正与修、齐、治、平相表里""为学为治之出于一"的原则，纠正割裂内圣与外王的弊端。经过这样的修正，不仅可以使全书的内容更为紧凑，而且更能体现学以致用、求实务实的精神。然而康熙帝却不同意，其理由是："朱子平生工夫，在于发明四书六经，须以四书六经为首。"康熙帝所理解的"工夫"在于给孔孟经书作注释，而李光地强调的则是治国平天下的本领。当然，书毕竟是李光地编的。对于洋洋大观的《朱子语类》一百四十卷和《朱子文集》一百卷，选哪些，不选哪些，基本上都是李光地决定。对于李光地提出的另外一些建议，康熙帝也是同意的。例如，对于朱熹的几篇上皇帝的万言书，李光地认为如果将其破析分解归类，势必不能见其立言先后本末委曲详尽之致，遂将奏疏专列一门收录。又如，"治道"部分所有细目次序颇杂乱，于是建议按照朝廷六部执掌次第编列。如此等等，不一而足。

康熙五十四年（1715），康熙帝又谕敕李光地编纂《性理精义》。性理学说是理学的核心和基本内容，或者说，就是理学。性理学说有它的产生和发展的历史，理学家们将性理学说源头追溯到"伏羲始画，中涵性命之精；尧舜相传，显抉危微之奥"，以及"孔门垂教，推本于执中，邹峄扬风，求端于性善"。但是性理学说的大发展则是在宋代，由北宋的周敦颐、程颢、张载、邵雍至南宋的朱熹而集其成。李光地在胡广《性理大全》的基础上作了精心的选择和增益，编成《性理精义》十二卷，其篇幅虽然仅为《性理大全》的八分之一，但却更能看出理学发展的基本脉络。

在《性理精义》中，朱熹学说的地位比在《性理大全》中更为显要，为学、性命、理气、治道各卷所辑录的朱熹的言论，其比重远比《性理大全》为大。此外，为了反映兼容各家的学术思想，打破门户之见，李光地舍弃了朱熹门人蔡沈的《洪范皇极内篇》，却将与周程张朱"不同道"的司马光的言论和与朱熹对立的陆九渊的言论酌量收录进来。李光地自述其编纂《性理精义》的学术意义，在于使学者们不至于在浩繁的理学思想史料中抓不住要领，要让他们做到一编在手，就能"犹网在纲""犹阶有级"；使"学者先河入海"，既明了理学的发展脉络，又掌握理学的思想体系。

三、康熙帝与李光地的"君臣际合"

中国传统社会理想的政治模式是"君臣际合"，即明君圣主与忠臣贤相的结合。诗人们用最美妙的语言来描述这种关系，什么美人芳草，君子淑女，等等。然而在实际的政治运作之中，君臣关系要达到这种境界而毫无猜忌，实在是非常艰难的。

韩非将君主比作龙，龙"喉下有逆鳞径尺，若人有撄之者，则必杀人也"！其著名的《说难》篇中列举了大臣可能面对的七种杀身之祸和君主对大臣的八种猜疑，一共是十五种杀机，比钻进了"十面埋伏"险境还可怕。

七种杀身之祸即"身危"是：（1）无意中点破君主内心的秘密；（2）察知君主借一种公开的行动以掩饰内心的另图；（3）猜测到君主内心的谋划而有泄密之嫌；（4）与君主情感不深而进言奏效；（5）借宣扬礼义以抖出君主的毛病；（6）谋略得当，君主独占其功而知其谋；（7）要君主做他不愿做的事，要君主停止他不愿停的事。

此外，以下八种情况会引起的君主的猜疑：（1）与君主议论其他大臣有离间之嫌；（2）与君主议论左右侍从有炫耀自己的权势之嫌；（3）夸奖君主所爱者有找靠山之嫌；（4）谈论君主所恶者有试探之嫌；（5）说得直截了当有笨拙之嫌；（6）说得细致周详有琐碎之嫌；（7）陈述简略有胆怯之嫌；（8）畅所欲言有傲慢不恭之嫌。这八种猜疑也同样埋伏着杀机，即便不被杀头，也要遭贬黜。

康熙时代，侍读学士德格勒犯了八种猜疑的第一条，于是被康熙帝下令严刑拷打，发配塞外而死；陆陇其犯了七种"身危"的第七条，如不是李光地为他说话，也要把尸骨抛到塞外去。李光地是怎样使他与康熙帝的关系达到"义虽君臣，情同朋友"的地步的呢？

康熙帝的个性及其统治术

李光地遇到的"明主"康熙帝是一个什么样的人？

中国人是不敢在著作中描述他那个时代的皇帝的相貌的，为皇帝画像的人也必须善于"藏拙"，也不敢画出真面目，所以供在皇家祖庙中的画像也靠不住。比较可信的是曾经在朝廷供职的法国传教士李明《中国现状追忆录》的描述，他说：康熙帝身材比一般中国人稍高，稍胖，但算不上富态；脸稍宽，有麻子，前额宽大，鼻子和眼睛比普通中国人小，但嘴巴长得还像样。

康熙是顺治帝的第三个儿子，1654 年生，比李光地小十二岁。他八岁当皇帝，由鳌拜等四位元老大臣辅政。鳌拜擅权，康熙帝亲政后，就想办法除掉鳌拜。他在宫中训练自己的童子军，将鳌拜诱入皇宫的后花园，一大群孩子一拥而上，将鳌拜按倒在地捆了起来。与此同时，他又设计擒拿了在京的鳌拜党羽遏必隆和阿南达。那个时代的宫廷政治就是如此，只要抓了为首的几个人，就可以迅速扭转政局。满朝文武见旧主子已倒，马上就会随风转向效忠新主子。康熙帝干这一切时才十六岁，可见他已经熟谙权力斗争的诀窍了。

康熙继承了他父亲顺治帝的汉化政策，采取有力的措施来调和满汉民族的矛盾。他下令停止"圈地"，并逐步放宽了对"逃人"（不甘为奴而逃亡的汉人）的禁令，让汉族人民能按照原先的生产方式和生活方式从事生产和生活。他特别注重笼络汉族读书人，于康熙十二年（1673）颁谕举荐山林隐逸之士，十七年特设博学鸿词科，十八年又开设明史馆，收罗汉族文人编纂明代历史。他还趁巡视之机，三谒明孝陵；又特至曲阜，瞻仰孔庙、孔林，在大成殿行三跪九叩礼，以表示他对儒家文化和道德伦理的倡导。

康熙帝与历史上的汉武帝、唐太宗一样，是一位具有雄才大略的皇帝。"中国广大版图的边疆地区在清代前期得到了进一步的稳定，而这主要是在康熙帝时期完成的。1681 年平定三藩统一西南各省。1683 年降服郑克塽，统一台湾地区。1690 年至 1697 年，三次击败噶尔丹，统一漠北地区。1720 年进军西藏，驱逐准噶尔，重新统一西藏地区。1722 年进军乌鲁木齐。

至 1759 年最后勘定新疆。与统一国内的同时，1689 年康熙与俄国在平等的基础上签订《尼布楚条约》，划定东北边界。我国边界东至库页岛、台湾，南达南海南沙群岛，西跨葱岭，西北至巴尔喀什湖，北连西伯利亚，清代以前的封建王朝，从来没有在这样广袤的版图上长期有效地统一过。"

康熙帝是一位励精图治的皇帝。从其亲政之日起，就坚持实行御门听政。特别是在平定"三藩之乱"期间，康熙帝总是"未明求衣，辨色视朝"，在晨曦未露的时候就已经临御乾清门，与大臣们商讨军政大事，一个月听政达二十七八次。对于一时不能作出结论的特别重大的问题，常常是在退朝后将领班的大学士和有关官员留下来，在极小范围内进行专门讨论。如商讨进军台湾问题，就是在退朝后将明珠和李光地留下来专门商讨的。

作为皇帝，康熙为维护皇权采取了一系列措施。

一是设置南书房，使之成为由皇帝直接掌握、参与机密政事，且对内阁有牵制作用的办事机构和情报机构。被选入南书房的人，虽然官品不高，一般不超过四品，但却被皇帝倚为腹心。这些人行动诡秘，随时接受皇帝的宣召，往往"晨入暮出"。皇帝的某些政治设想和行动，特别是在想扳倒某个大臣的时候，就通过这些人到外朝叫人写奏章。康熙帝扳倒权臣大学士明珠，就是授意入值南书房的徐乾学、高士奇等人去干的。

二是建立密折制度。按照正常程序，官员们的章奏都要经过内阁，由内阁奏报皇帝。康熙帝觉得这一程序会使内阁权力太大，不利于他了解地方上的情况和官员的动静，也不利于他处理机密政事。因此，他建立了一套密折陈奏制度，一开始只是委诸少数亲信，后来扩及所有在京大臣和地方督抚提镇等官。密折使康熙帝不出门知天下，"各省之事不能欺隐"。

凭借着南书房和密折制度，以及坚持御门听政、巡视四方、掌握对臣民的生杀予夺之权，康熙帝牢牢地控制了对这个疆域辽阔的国家的统治权力。在政治上他是一个极端的实用主义者，他利用索额图清除了鳌拜，又利用明珠排挤了索额图，进而又利用徐乾学等人整垮了明珠，然后又让"南党"和"北党"两败俱伤，而在这"乱哄哄你方唱罢我登场"的政治闹剧的背后，都是他一个人在支配操纵，哪一派对他有利他就利用谁。

康熙帝又是一个好学的人，但喜欢沽名钓誉。他不承认任何人在学问上有超过他的权威。他的求知欲很强，天文、历法、数学、音韵、乐律，什么都想学，也什么都学。仿佛作为皇帝就得拥有各种各样的美名：大理学家、大书法家、大数学家、大音乐家……臣民们也应以他作为各方面的最高权威和裁判者。其实他在这些方面的成就都平平，据西方传教士马国贤神父的回忆录说："这位皇帝认为他自己是一位出色的音乐家，又是卓越的数学家，但是……他对音乐一无所知，也几乎不懂最基础的数学知识。"当然，对他来说，最重要的还是政治，只要中国的政治还是一种宫廷政治，《廿一史》中就有取之不尽、用之不竭的招数，因此他说："廿一史，朕皆披阅。"

由于熟读《廿一史》，所以康熙帝很有一套驾驭人才的办法。他认为，"自古汉人结为党类，各援引同党之人，以欺其上，习以为常"，因而他对朝臣中的"朋党"问题总是保持着高度的警觉。作为创业之主，他既要用有真本领的人，又要使之不构成对皇权的威胁，其手段就是《韩非子》中所说的："夫驯鸟者断其下翎焉，断其下翎则必恃人而食，焉得不驯乎？夫明主畜臣亦然，令臣不得不利君之禄，不得不服上之名。夫利君之禄，服上之名，焉得不服？"康熙帝驭臣之道，大致如此。

李光地与康熙帝的关系，大致可以分为三个阶段。第一阶段，以康熙三十七年（1698）为界，康熙帝对李光地的态度是且信且疑，既用又整的阶段；第二阶段，以康熙四十六年

（1707）为界，即李光地任吏部尚书兼直隶巡抚的七年时间，康熙帝对李光地的态度是信过于疑，多所倚重但尚不完全放心的阶段；第三阶段，即从康熙四十四年至五十七年（1705～1718）李光地逝世的十四年间，是康熙帝将李光地倚为腹心，"义虽君臣，情同朋友"的阶段。

且信且疑，既用又整

康熙帝第一次表现出对李光地的重视，是在康熙十一年（1672）。这年翰林院庶常馆举行了毕业考试，李光地考了第一，这是康熙钦定的。同年京察，康熙帝接见满朝文武和来自各省的官员。数千名官员云集于太和殿下的广场上，一批一批地从台阶下经过，向皇帝行三跪九叩礼。在这次接见过程中，康熙帝只喊了两个人到太和殿上去"顾问慰谕"，第一个是李光地，第二个是叶方蔼。这是皇帝表示对官员的器重的一种不同寻常的举动。

"三藩之乱"时，李光地冒着身家性命的危险，从万里之外，蜡丸上疏，献平定耿精忠的方略。康熙帝览疏动容，嘉叹不已，特命定闽将军保护李光地的全家，提升李光地为侍读学士。李光地解泉州之围，协助清政府平定福建之后，康熙帝又提升李光地为内阁学士。李光地提议攻克台湾，保荐施琅为水军统帅，专任征剿等等，康熙帝都一一予以采纳。后来又提升李光地为翰林院掌院学士。这一切都表明了康熙帝对李光地的器重和信任。

然而，这种信任是不牢固的。李光地当上掌院学士不久，风波接踵而至。康熙二十六年三月，李光地上疏请求回乡为母亲养老送终，康熙帝不许，只给假一年。李光地刚离京，徐乾学就跑到康熙帝那里进谗言，一是说李光地在朝时与德子谔（德格勒）、徐元梦在一起非议朝政，日以为常；二是说皇上虽然如此器重李光地，但他却没有半点恋主之心，反而说现在不是他有作为的时候。

徐乾学说李光地与德子谔、徐元梦非议朝政，当然拿不出什么真凭实据。可恰好这时，被李光地推荐为侍读学士的德格勒给李光地帮了一个大倒忙。德格勒英年得志，不知忌讳，在康熙帝面前畅所欲言。他讲李光地懂得军事，可以当总督，这就已经犯了同僚"互相称引"这一条。当年大旱，康熙帝又叫德格勒为他卜卦，德格勒卜得"夬"卦，解释说：皇上信用小人，将小人除去，天就会下雨。这话一传出，已经感到地位难保的大学士明珠大为惊恐，不仅恨德格勒，而且迁怒于李光地。对于康熙帝来说，这似乎又应了徐乾学所说的李光地与德格勒等人非议朝政的话。

康熙二十七年（1688）春，孝庄文皇后去世。按规定，朝廷大臣都要进京奔丧。熊赐瓒比李光地早五天进京，徐乾学让他向康熙帝进谗言。熊赐瓒先说他的哥哥熊赐履讲李光地写的书不通。康熙帝问："书不通，人如何？"熊赐瓒乘机编造了许多谎言，说李光地回乡路过福州时，总督王新命请他饮酒看戏，李光地独点《范蠡扁舟五湖》一出，自以为功比范蠡，说皇上可与共患难，不可共安乐。康熙帝听了大怒，徐乾学又乘机进言："湖李家族有万余之众，李光地有霸王之志……其为人臣非其本志。"康熙听了，愈发怒不可遏。

康熙帝觉得，要整李光地，还是要先拿德格勒开刀。于是就将德格勒召来，当众叫人将他按倒在地施以杖刑，德格勒一跃而起，说："士可杀不可辱。"这句话说得康熙帝无形中人格降低了三分，更加愤怒，将德格勒下狱，传旨审问要其供出同党，并且说皮肉打烂了不要紧，要留下活口取口供。——这一矛头明显是对着李光地的。德格勒虽遭酷刑仍拒不回答，宁可一死，康熙帝没有办法，只得下令将德格勒流放到塞外。

康熙帝没有从德格勒那里拷问出李光地的罪过来，并不死心。此时李光地已回到北京。四月初一，康熙帝以李光地与德格勒"彼此互相陈奏"为理由，令九卿、詹事、科、道诸臣审问李光地，并派出十余名手持大刀的武士围在四周，气氛十分紧张。大家纷起责问李光地是否与德格勒结党营私。这时，一种偶然的自然现象——日食的突然出现帮了李光地大忙，一时天昏地暗，如同黑夜，康熙帝见了十分惊恐。按照传统的"天人感应"的说法，这是上天对皇帝的谴告，康熙帝由日食联想到正在审讯李光地，心中十分不安。过了一会儿，奉旨审讯李光地的兵部尚书张玉书、刑部尚书图纳进来报告，说李光地只有妄荐德格勒一条罪名。康熙帝也想就此收场，于是便下旨说："事已昭著，应将李光地治罪，但李光地前为学士时，凡议事不委顺从人。台湾之役，众人皆谓不可取，独李光地以为必可取。此其所长。除妄奏德格勒外，亦别无如此启奏之事，姑从宽免其治罪，令仍为学士……尔等可于九卿、詹事、科、道官员前，将李光地严行申饬。"

　　同年九月，明珠被革去部分职务，于成龙辅政，又大肆卖官，李光地、彭羡门、杜秀水三人不肯附和，于成龙独迁怒于李光地。康熙帝问于成龙："捐纳（卖官）可有人不喜否？"于成龙回答："谁不喜，就只讲道学者不喜。"于是，康熙帝就于二十八年五月罢了李光地掌院学士的官，让他去当通政使。不久，卫既齐遭诬陷，被康熙帝流放到黑龙江。李光地向来尊称卫既齐为"卫老师"，当年李光地进京赶考时，卫既齐任同考官，后来李光地当上内阁学士，又向康熙帝推荐过卫既齐。卫既齐既获罪遭遣，李光地亦被牵连"入奸党籍"。将卫既齐发配后，康熙帝问明珠："卫某发遣，道学亦怕否？""道学"明指李光地。此次康熙帝又是想借整卫既齐来吓唬李光地。据李光地说，康熙帝自从听信了徐乾学的谗言后，就不断派密探到处打听李光地与家乡的联系及湖李家族的动向，这一侦探活动直到任命李光地为直隶巡抚时才停止。

信过于疑，多所倚重

从康熙三十七年（1698）十一月李光地受任为直隶巡抚，到康熙四十四年（1705）被召拜为文渊阁大学士，是康熙帝对李光地加强考察的时期。短短的七年时间内，康熙帝专门巡观直隶所属地区达十五次之多，还不包括南巡时途经的两次。

康熙帝在京畿地区内的活动如此频繁，一方面固然是由于畿辅作为京城外围地区所具有的重要性，另一方面，也是为了对执掌畿辅军政大权的李光地加以考察。正是通过对李光地任直隶巡抚期间的政绩和品行的考察，康熙帝开始建立起对李光地的信任。在他任直隶巡抚五年后，提升他为吏部尚书兼直隶巡抚；又过了两年即召拜他为文渊阁大学士。

在李光地任直隶巡抚期间，康熙帝除了亲自在直隶境内巡视，找官员谈话，了解情况以外，即使身在朝廷，也一有机会就顺便打听李光地的情况。任子牙河、漳河司的满族官员朝琦治河不力，受到李光地的弹劾，康熙帝将朝琦调到山西去。朝琦离京时，前去向康熙帝辞行。康熙帝将他召至密室，让左右的人统统退下，问道："直抚果不要钱乎？"朝琦回答说："论他待奴才，将许多劳苦事不直陈于上，却是不应如此。若说他操守，实是不要钱。守巡供米食物和零星用度是有的，若要此外送银子及金银器皿，不收；衣服或收件许，珠宝不收。"康熙帝又问："汝何从而知之？"朝琦答道："奴才自己送过。看他手头不足，送些银子。渠云：'且拿去，我用着（时）再来，此时不用。'各属所送吃食收些，也不全收，他物概不收。"康熙帝说："我亦知道……汝应好好做，为满洲吐吐气。"从这段密谈看，康熙帝也知道李光地不爱钱财，但他还要找对李光地有意见的官员印证一下。

康熙四十二年四月，康熙帝提升李光地为吏部尚书，仍管直隶巡抚事。李光地每升官一次，风波就要接踵而至。这年十二月，康熙帝巡视陕西后东渡黄河到了山西。当时山西的总兵官是王应统，此人是李光地任武殿试读卷官时（二十七年十一月）所荐拔的人才。康熙帝要看应统射箭，应统每发必中。康熙帝又提出要检阅部队。当时王应统指挥的军队正排列在保护康熙帝的八旗军队的后面，听到军令后就要开到八旗军的前面去。而跟随康熙帝西巡的官员们却有意让八旗军挡住山西兵的道路，不让上前。康熙帝屡召，山西兵就是被八旗兵遮道而动弹不了，康熙帝大怒，不分青红皂白下令将王应统拿下，关进囚笼带往京城治罪。康熙帝左右的小人们又乘机进言，说王应统是李光地所荐拔的人。于是康熙帝又迁怒于李光地。回京后立即罢免了两年前李光地所推荐的杨名时的督学职务，又将与杨名时同时被推荐的文志鲸降为知州。

义虽君臣，情同朋友

自康熙四十四年（1705）冬李光地被召拜为文渊阁大学士以后，李光地成为康熙帝所信赖的内阁重臣，二人之间基本上建立了"义虽君臣，情同朋友"的关系。

在这一时期中，李光地直接辅佐康熙帝处理国家军民要政，他所提出的建议多为康熙帝所采纳，他所推荐的人才亦多为康熙帝所任用；李光地营救清官张伯行、陈鹏年和文学家方苞，也都能够如愿。除了这些以外，李光地还担任国史馆、典训馆、方略馆、一统志馆总裁，承修《朱子全书》《性理精义》《周易折中》等作为传统社会政治指导思想的重要著作，担任国家选拔文武人才的最高考试的殿试读卷官等等。他成了康熙帝在全国推行文治的最主要的助手和学界领袖。康熙五十二年三月，朝廷举行"万寿节"盛典。康熙帝给李光地赐御书匾联。匾曰："夹辅高风"；对联是："太平有象占霖雨，庶事惟康敕股肱"。

由于政治斗争的极端复杂性，即使在这一阶段，李光地也并不见得就是事事如意、一帆风顺。直到康熙五十三年，康熙帝还对李光地作了最后一次间接审查。这次审查是拿李光地屡次保荐的武英殿编修官何焯开刀的。何焯是江苏崇明人，康熙四十一年经李光地推荐，被召入南书房兼武英殿纂修，其母去世后，家居六七年。康熙五十二年冬，又经李光地推荐，被召回武英殿供职。次年秋，京城密报传到康熙帝驻跸的热河，康熙帝立即启驾回京，仿佛京城中马上就要发生政变似的。京城的朝廷百官得知康熙帝回京，皆跪迎道旁。康熙帝一到，立即命武士们把何焯捆了起来，投进大牢；又下令将他写的东西尽行搜索，送到南书房审查。南书房的官员整整审查了五天，只发现其中有一些讥笑贪官污吏的话，还有一封拒绝吴县县令馈赠的信函。康熙帝看了这一切，才消了怒气，将何焯从大牢中放出来，官复原职。这次突然袭击，表面上是冲着何焯来的，实际上也是针对李光地的。假如真的查出何焯有什么问题，那么一次又一次地保荐何焯的李光地也会被牵连进去。不过，经过这一次突然袭击的间接审查之后，康熙帝似乎可以说是完全信任李光地了。

在突然袭击逮捕何焯并进行审查的事件以后，康熙帝似乎也觉得这样做是太过分了一点，于是又找机会补偿。同年十一月，李光地任武殿试读卷官，因操劳过度，疝疾剧发。康熙帝立即派魏廷珍、王兰生前往慰问，所传谕旨中至有"义虽君臣，情同朋友"之语。同时，康熙帝还派太医前去给李光地治病。为了安慰他，特传下谕旨：提拔徐元梦为内阁学士，召杨名时入京，恢复文志鲸的翰林职衔。

从康熙五十二年起，李光地就一再请求告老还乡。康熙帝一再挽留，直到五十四年六月，李光地再次提出申请，康熙帝才勉强同意给假两年，又让李光地修完《性理精义》再走。同年八月，李光地赴热河行宫向康熙帝辞行。康熙帝听说李光地将到，派魏廷珍前往迎接，又专门为李光地安排了舒适的住所，在内苑深处设宴为李光地饯行。又赐给李光地匾额，御笔书写"谟明弼谐"四个大字。

康熙帝又与李光地密商朝廷机要。怕内侍泄密，康熙帝将所说的话一次又一次地写在纸上给李光地看，看完后，康熙帝立即将纸毁掉。密谈持续了很长时间，君臣握手告别。

李光地于康熙五十四年九月离京，大年三十才回到家乡。在家还不到半年，康熙帝即派魏廷珍密传李光地进京，后来又命福建督抚敦促李光地回朝。

李光地于康熙五十六年二月启程，六月到京。胤禛的门人戴铎在这一年给主子的信中讲："近因大学士李光地告假回闽，今又奉特旨，带病进京，闻系为立储之事，召彼密议。"这时康熙帝的儿子们都在关注着确定谁为皇位继承人的问题，所以胤禛的门人及时将探得的情报向主子报告。康熙帝的秘密建储计划，看来是与李光地进行过多次密商的。康熙五十七年二月，康熙帝曾感叹道："大臣中每事为我家计万世者，独此一老臣耳。"

康熙五十七年五月二十八日（1718 年 6 月 26 日），李光地在京与世长辞。康熙帝在热河行宫闻讯后说："惟朕知卿最悉，亦惟卿知朕最深。"特派工部尚书徐元梦、侍读学士魏廷珍赶赴北京治丧，命皇子临奠，文武百官都前往哀悼。给李光地赐谥文贞，并赐《御祭文》。祭文中有"君臣之契，特有深焉"之语。后来的雍正帝称李光地为"一代之完人"，追赠他为太子太傅，祀贤良祠。

第 2 章

李光地的思想

一、学术主张

李光地是一位受明清之际早期启蒙思潮影响较深的大思想家。当他为康熙帝编纂《朱子全书》《性理精义》《周易折中》等著作时，他当然不可能完全显示自己的思想性格和贯彻自己的学术路线，因为是要以"御纂"的名义颁行的，几乎处处要向皇帝请示。但是，当他自己著书立说时，当他与门人弟子们在一起道古论今、娓娓而谈时，他的思想性格和学术路线也就比较清晰地显示出来了。前者是作为"理学名臣"的李光地，后者才是有个性的、活生生的李光地，作为真正的思想家的李光地。

"存实心，明实理，行实事"

明朝灭亡之后，残明遗老痛定思痛，总结明王朝灭亡的教训，大家不约而同地把矛头指向了明代的学风。大家都厌倦了宋明以来"蹈虚空谈"的学风。于批评明代学风的同时，王船山"欲尽废古今虚妙之说而反之实"，顾炎武"足迹半天下，考其山川、风俗、疾苦、利病"，黄宗羲主张奖励研究"绝学"："绝学者，郊历算、乐律、测望、占候、火器、水利之类是也。"——他们共同开创了一代重实际、重实证、重实践的新学风。

李光地总结了明朝灭亡的教训，除了谴责那些依附阉党的下流无耻的读书人外，也着重从上流的读书人自身的不足处找原因。他说："明代士大夫如黄右斋辈，炼出一股不怕死风气，名节果厉，第其批鳞、挌须、九死不回者，都不能将所争之事于君国果否有益盘算个明白，大概都是意见意气上相竟耳。"

这段总结明王朝灭亡的教训的话十分深刻。明朝末年，东林党人砥砺气节，讲求品行，冷风热血，洗涤乾坤，其高风亮节确实是可敬可佩。然而，要论治国经邦的真知识、真本领，却远不如他们的祖师爷、被李光地称为"一代贤豪"的王阳明。那帮只知巴结太监的下流文人，固然是些阘茸无能之辈；而这些品格高尚的上流文人，说到底也是些"无事袖手谈心性，临危一死报君王"的八股先生。这两派文人在朝廷中吵闹了二十多年，吵来吵去都只是纠缠于什么"议礼案""红丸案""梃击案""移宫案"。这些事号称"明末四大案"，实际上都只是宫廷中的一些鸡毛蒜皮的小事。黄道周与崇祯帝屡屡发生激烈的争论，用李光地的话来说，他确有"批逆麟""挌龙须"的一股不怕死的气概，但崇祯帝只觉得他迂腐可笑，想杀他又饶了他。而另一边却是陕西饥荒，树皮草根吃光了就吃人肉，逼得李自成、张献忠起来造反；满洲的努尔哈赤也在厉兵秣马，随时准备趁火打劫抢天下。对这些大事，上流社会的八股先生们却很少过问，只知道打口舌笔墨官司。这些党派门户之争，直闹到崇祯帝在北京上吊还不罢休，清军即将渡江，南京弘光政府的八股先生们还在打所谓"南渡三疑案"（僧大悲冒充崇祯皇帝案、"童妃案"和"产伪太子案"）的官司，直到南明王朝也随后覆亡才一起拉倒。

在李光地看来，明朝不讲实学虽以嘉万以后为甚，但实在说来又是由来已久的事了。由南明福王政权覆亡上溯二百四十三年，即明惠帝建文四年（1402）发生了一次重大的历史事变，即"靖难之变"。李光地认为，这次事变也是由于不讲实学造成的。当时，建文帝的老师和所信赖的心腹重臣是著名理学家方孝孺，此人也是只知空谈心性而无真本领。燕王朱棣从北京率军南下争夺皇位，方孝孺的对策处处失误，结果朱棣攻克南京，建文帝只好放一把火把自己烧死（或说逃亡后当和尚去了），方孝孺本人也被割舌头，凌迟处死，并且被灭十族。凌迟处死俗称"杀千刀"，明成祖朱棣将他杀了一千零一刀；灭族通常是灭九族（父三族，母三族，妻三族），朱棣还要灭方孝孺"师族"，将他的学生也一起杀光。李光地总结这一惨痛的教训时，除了谴责明成祖"摧残太甚"之外，着重从作为辅佐大臣的方孝孺身上找原因，他说："方正学就所著文字便有许多糊涂处，当时皆以为旷世一见之人，国家留为伊周者，后用起来，当靖难时，著著都错，这就是他学问有病，才高意广，好说大话，实用处便少。"这段话实在是说得非常公平。明朝学风不正，由来已久，是不能完全归咎于阳明学派的。理学家方孝孺还讲气节，后来讲理学的人则大多是先依附阉党，后投降清廷；倒是许多讲王学的人是不屈不挠的抗清义士。所以李光地不肯否定王阳明的良知说，强调做人不可不讲良心。只是在讲道德气节之外，还得有治国安邦的真本领。

对于王阳明，李光地推崇他有真本领，绝不是迂腐无用之辈。他说如果是王阳明处在方孝孺的位置上，燕王朱棣就打不下南京，抢不走建文帝的皇位；如果是王阳明处在岳飞的位置上，"恐十二金牌召他不回"。在李光地看来，王阳明的本领岂止是方孝孺不能望其项背，就是岳飞也不如他。

在中国历代人物中，李光地最推崇的还是有真本领、堪称儒者风范的诸葛亮。刘备三顾茅庐，诸葛亮为他定三分天下、联吴抗魏、进取中原的决策；白帝城刘备托孤，诸葛亮受命于危难之际，却能北抗曹魏，南抚诸夷；街亭之战，虽然错用马谡，功亏一篑，但却能从容保护汉中人民三千户随军撤退，"能令司马懿老奸宿猾不敢动手，为儒者吐气！不然，那一辈盗贼以为儒者竟无用，但空言夸大耳"。李光地还引诸葛亮和徐庶的话来斥责不知世务的俗儒，说俗儒是一些只知道引用圣人语录、不识时务、贻误国事的人。此外，李光地还表彰诸葛亮十分讲求实际，甚至能够亲自做出木牛流马那样的技术发明来，等等。

鉴于明王朝灭亡的教训，李光地极力主张学者要务实，要有真本领，要干实事，而不要说大话，说空话，讲虚文，更不能像明末的某些学者那样"端坐竟日，心了不动"，弄得"不佛不儒"。他强调："虚文多一件，实事便少一件。"又说："吾学大纲有三：一曰存实心；二曰明实理；三曰行实事。"

李光地借提倡孔子的"六艺"来提倡实学。他驳斥了时人只讲心性、不讲六艺的说法，强调人的一生都不能不研究六艺，并且要将其付诸日用实践。李光地还十分提倡对"专门之学"的研究。他说："今耑（专）门之学甚少，古来官制、田赋、冠服、地理之类，皆无精详可据之处，此处必实实考究得源源本本，确有条贯方好。"他所提倡的这一专门之学，亦是前辈学者顾炎武、王船山所十分注重的，是清初实学的一个重要组成部分。

李光地一生提倡实学，他自己也身体力行地研究实学。他研究天文和历算，主张会通中西天文历算之学；他从圣人经典中发现了《考工记》，十分重视"工"在社会经济发展中的作用，主张引进西方技术发明；他研究水利，在指导治河方面发挥了重要作用；他研究军事，注释古代军事著作《阴符经》

等；他研究政治，总结历代治国经验，以指导当代的政治实践。此外，他还研究声韵、乐律等等，真可以说是那个时代的一位百科全书式的学者。清代重实证、重实际、重实践的学术风气的开创，与李光地的推波助澜是分不开的。

"读书最怕是无疑"

在中国传统社会中，是以孔孟之道、程朱理学作为政治和全部社会生活的指导思想的，对孔孟程朱的道统有三种态度：

第一种是以孔孟程朱之是非为是非：凡是孔孟程朱曾经说过的，都必须坚定不渝地奉行；凡是孔孟程朱曾经作过结论的，都不能加以改变，这是一种思想僵化的态度。

第二种是"不以孔子之是非为是非"，亦不以程朱之是非为是非。这是一种"离经叛道"的态度。明代中叶以后李贽等人的思想，大致属于这一类。

第三种是在坚持传统思想的前提下加以发展，即既要维护孔孟程朱的学说作为统治思想的权威，又不拘泥于其个别原理和个别结论，而是要"言孔孟所未言，而默契孔孟所欲言之意，行孔孟所未行，而吻合孔孟必为之事"。持这种态度的人或多或少能够容忍或采纳某些不同意见。这是一种比较开明的态度。

李光地持第三种态度。《国朝文录》说："文贞之学本之朱子而能心知其意，极推透以畅其旨，不阿附以盖其失。"又说："安溪宗朱子而能别白其是非。"他一方面致力于维护孔孟之道作为正统意识形态的权威地位，另一方面又认为不能把认识停留在圣人经典的个别原理和个别结论上。他说："读书最怕是无疑。道理本平常，看去不过如此，其实进一步又一层。"他肯定孔子对于古礼的"多闻阙疑"的态度。他容忍怀疑，肯定怀疑，并且说"最怕是无疑"，客观上具有积极的意义。

中国传统的最高学问是经学，"经学态度"是中国传统社会读书人最基本的治学态度，学者们以注释圣人经典为能事。于是，有经则有"传"，传是第一道注释；有传则有"注"，注是第二道注释；有注则有"疏"，疏是第三道注释。如此不断地注释下去。"传"距离圣人时代比较近，所以最为后来治经学者所重视。给经典作传的学者不止一家，例如《春秋》有《左氏传》《榖梁传》《公羊传》，治《诗经》者在两汉时亦有齐、鲁、韩等学派，彼此的观点都不尽相同。李光地主张不同学派、不同学术观点的并存，他说："《春秋》因有三传，故抵牾处得失互见；《诗》自齐、鲁、韩氏之说不传，而毛氏孤行，则无以见诸家之异同。"李光地对"诗三家义"的失传表示惋惜，可见他是主张允许在正统意识形态内部有不同学术流派并存的。

作为传统社会正统意识形态的经学，又有汉学和宋学之分，汉学重在经典中所涉及的制度、名物的考订，宋学重在对经典的义理阐发。李光地认为，汉学与宋学都各有其长处和短处。他说："解经在道理上明白融会，汉儒自不及朱子。至制度名物，到底汉去三代未远，秦所澌灭不尽，尚有当时见行的，即已不存者，犹可因所存者推想而笔之，毕竟还有些实事……此汉儒所以可贵。"李光地一生治学，对汉学和宋学都持兼收并蓄的态度。

把圣人作为人格样板来加以歌颂、膜拜，是传统社会的"正统"意识形态的一个重要组成部分。然而，在李光地看来，圣人也有缺点，并不是那么尽善尽美的。他在给弟子讲学时屡屡讲到圣人们的短处："若说圣人于五伦岂有不知不能，却大不然。尧舜之子不肖，周公致辟管叔，相传孔子、子思皆出妻。"他批评"孔子不能格定、哀之非，化三家之僭；周公不能弭管、蔡之乱"，又说"圣贤有似不近人情处。朱子断妓女，施以严刑，判使从良，其实罪不关妓女也"。他认为圣人的优点主要在于他们能够反省自己的缺点，"兢兢业业，自强不息"。这就把历来被神化的圣人还原为一些有缺点的人，一些需要不断地自我反省以鞭策自己不断上进的人。这些言论，对于破除几千年的圣人迷信，也是具有积极意义的。

李光地反对思想上的僵化和绝对化，他从不隐瞒自己对程朱学说所持的保留态度。他曾多次指出：以二程论，程颐对程颢的观点也不完全同意；以朱熹与二程的关系论，朱熹对二程的观点也不是完全尊奉的；即使是同一个人，一生中的思想也是变化的，朱熹之所以直到临死前还要修改他的《四书集注》，就在于他并不把自己的观点看作绝对真理，从这一观点立论，他批评二程学说有自我神化的绝对主义的弊病。

有人说，学问到了朱子，已经都说得明明白白了，现在的问题只是将朱子的学说付诸实行。李光地不同意这种说法，他指出："此语似是而非……如所谓阙疑阙殆，择善而从，不是见古人不论是非，一概深信不疑也。"他认为圣贤的学问也不是完美无缺、完全没有任何可以怀疑之处的，宗信朱子的学说不等于盲从这种学说，不能对朱子讲的所有的话都深信不疑。这种治学态度是理性主义的。他说"朱子不能脱南宋之衰弱"，认为朱子学打上了衰世的印记，寓意就更为含蓄深刻。这也是他后来不能不努力改造朱子学的原因。

"以陆王之说与程朱之说相助"

南宋时期，朱熹与陆九渊之间曾发生过两次争论。这两次争论最集中、最明显地表明了朱熹与陆九渊的分歧之所在。

第一次争论是在南宋淳熙二年（1175），吕祖谦约陆九渊和其兄陆九龄与朱熹在信州鹅湖寺相会。争论的主题是认识论的问题。朱熹主张"泛观博览而后归之约"，陆氏兄弟则主张"先发明人之本心而后使之博览"。朱熹以为陆学太简，陆九渊则讥朱学"支离"。

第二次争论发生在淳熙十四至十六年（1187~1189），双方展开书面辩论，争论的主题是本体论问题。陆九渊与陆九龄认为，"太极"之上不能再有"无极"；而朱熹则主张，"不言'无极'，则'太极'同于一物，而不足以为万化根本"。朱熹认为，"无极"是理，理先气后；陆九渊则认为，理在心中，心包万理。这次争论是前一次争论的深化。

明代中叶，王阳明以发挥陆九渊的思想为职志，先以认识论作为突破口，进而从本体论上推倒朱熹。针对朱熹在《大学》本文中增纂的一节所谓"格物致知传"，王阳明刊印了《古本大学》，以反对被朱熹纂改的《大学》；又辑录了朱熹的一些著作，称之为《朱子晚年定论》，宣称朱熹暮年自悔，归向了陆九渊一派。明代学者或尊奉程朱，或尊奉陆王，门户之争愈演愈烈。

李光地尊信程朱而兼取陆王之长。他认为程朱理学之所长正是陆王心学之所短，而陆王心学之所长则是程朱理学之所短，二者实际上是可以互补的。所以他主张吸取陆王心学的因素来修正、补充朱子的学说。这有一点为王守仁的心学张目的嫌疑，以至于皇帝在康熙二十八年九月十八日的上谕中说："许三礼、汤斌、李光地俱言王守仁道学，熊赐履惟宗朱熹，伊等学问不同。"这种说法，道出了李光地思想受陆王思想影响的事实，但并不全面，李光地对程朱陆王的思想采取的是一种兼收并蓄的态度，但还是以程朱为宗。

人的至善的本性根源于客观的宇宙，是周程张朱"明性"之说的根本观点，李光地对此有透彻的了悟，因而尊奉不渝。他认为周敦颐的《太极图说》的旨趣所在，即在于揭示了人性与天地之性的一致性；张载的《西铭》揭示乾坤是我之大父母，更明确地说明了人性乃天地之性所赋予的道理；二程、朱熹之所以极其推崇周子的《太极图说》和张载的《西铭》，根本原因也就在于此。

然而，李光地也十分明白朱子学说的弊病之所在。鹅湖之会，朱熹与陆九渊辩论学问得失，陆九渊攻击朱熹学说"支离"，亦并非没有道理。朱熹平生教人格物穷理，常说："上而无极太极，下而至于一草一木一昆虫之微，亦各有理。一书不读，则缺了一书道理；一事不穷，则缺了一事道理；一物不格，则缺了一物道理，须逐著一件件与他理会过。"他认为只有这样才能做到"众物之表里精粗无不到，而吾心之全体大用无不明"。朱熹这样说，有教人多读书、多接触实际的作用，但要求一个人读遍天下书、穷遍天下事、格遍天下物，成为万事通，则又实在是有点吹牛皮、说大话。何况治学之道，成于专而毁于杂，想什么都行，势必什么都不行，结果将弄得学问支离破碎，而不可能达于专精。更何况以此作为道德修养的手段，也就越发显得迂阔。正是在这种情况下，王阳明才从一个极端跳到另一个极端，仿效禅宗的"直指人心"而直接诉诸人的良知。

从表面上看，李光地与程朱的分歧似乎并不明显，他论学以程朱为宗，蔡世远的《二希堂文集》说他"于《大学》独说古本，于《中庸》则别为章段，似与朱子迥异"。但在这两件事情中，却隐藏着李光地与程朱的深刻分歧。

先看所谓"于《大学》独说古本"。作为"四书"之一的《大学》，传到宋代，先经二程作了一番更订；到了朱熹，又认为《大学》中讲格物致知有经无传，特地为《大学》补上此传，于是有《大学》今本。与程朱学派的观点不同，王阳明认为程朱学派对《大学》所作的以上修补更订都是不对的，因而力主恢复《大学》古本。李光地同意王阳明关于《大学》宜还古本的观点，而不同意程朱关于《大学》古本错乱而需要调整、更改的观点，尤其不同意朱熹认为《大学》格物致知有经无传，而为之补传的做法。他认为《大学》中格物致知有传，不需要为它补传；他更认为"余姚王氏古本之复其号则善"，认为《大学》古本无误，应予以恢复。

在对《大学》的解释上，李光地兼取程朱陆王之长。他不同意朱熹把《大学》中的格物之"格"训为"至极""物"训为"事"，认为格物应训为"知本"："以知本为格物，象山之说也，与程朱之说相助，则大学之教明矣。""姚江之言曰：《大学》只是诚意，诚意之至，便是至善……虽曾（曾参）、思（子思）复生，必有取焉。"但李光地又认为，王阳明并没有很好地发挥其"《大学》只是诚意"的观点，反而"多为溷乱"，因此，朱熹由向外观认而达于"知至"的观点是可取的："至于诚意，而尤在于究极事物，以致其知；正以物格知至然后能诚意，以正心修身而家国天下可得而治之。"在对待《大学》古本的态度上，李光地表现出了试图统一朱熹的向外观认和陆王的向内省视的倾向。

再看李光地"于《中庸》则别为章段"。朱熹是以"虞廷十六字诀"来编次《中庸章句》的。"虞廷十六字诀"是："人心惟危，道心惟微，惟精惟一，允执厥中。"朱熹认为《中庸》乃是虞廷十六字心传的发挥，体现了"孔门传授心法"；子思是孔子的嫡传，正如佛教的心法相传一样，子思所作的《中庸》也是最能得孔子心传之法的；根据虞廷十六字诀，朱熹编定《中庸》为三十二章。李光地之编定《中庸》章次，从指导思想上便高于程朱一筹。他说："中庸二字，程子以不偏不倚、正道正理诠解，固妙。但只就道理上说，尚该补出个头来，人性便是道理的头。"李光地要为程朱"补头"，说明人性应是阐明"正道正理"的前提，只要"明白得天命之谓性"，《中庸》一书所讲的道理"全部便可豁然"。据此，李光地编定《中庸》为十二章，称为《中庸章段》，而只字不提"孔门传授心法"。

当然，更重要的还是李光地对朱熹《中庸章句》若干注文的修正。首先，他把朱熹讲的无物不有、无时不有的"理"，修正为无物不有、无时不有的"性"，他说，今人都说成无物不有当然之理，却是错了。"无物不有，乃是说性之德我固有之"，这实际上就把朱熹的"天理"本体论修正成为"性"本体论了。其次，李光地反对朱熹将一般人划出"性善"的范围以外。朱熹以性为天道，唯圣人能尽之；以教为人道，普通人只有通过教化才能向善。李光地则认为，"朱子分天道人道都在硬派"，与《中庸》"至诚至性"的内容"不甚贴合"，圣人性善，普通人也是性善，不应该分出等级、次第。从李光地对朱熹的上述修正中可以看出，他所用以修正朱熹的，还是王阳明学派的思想因素。

二、理学思想

李光地的理学思想，虽然标榜尊奉朱熹，但绝不是朱熹思想的简单重复，而是在更高的基础上向朱熹的复归。从"以理为本"的程朱理学，中经"以心为本"的阳明心学的否定，再到李光地"以性为本"的理学思想体系，是一个"否定之否定"的过程。李光地既扬弃了陆王心学，也扬弃了程朱理学，从而形成了他的兼采程朱陆王、别具特色的理学思想体系，堪称那个时代理学思想的一位集大成者。

本体论

明代中叶以后，王门后学势力大增，"童心说""性灵说"风靡天下："鸢飞鱼跃"乃是自然本性；"率性而行"本是天道之常；"天性"高扬，"天理"退位。在清初的历史条件下，李光地以王学修正朱学，不能不先在"性"上做文章。

李光地与陆陇其就"鸢飞鱼跃"问题进行过一次有趣的讨论。李光地问:"鸢飞鱼跃是'道'吗?"头脑僵化的陆陇其回答说:"不是。飞跃好的是道,翔而后集是道,自投罗网不是道。"李光地刚开始听了还觉得有道理,但越想越觉得不对头,终于想通了,说陆陇其讲得不对:"不消如此讲。飞跃便是道,自投罗网原不是天之所命,何须剖白。"对"鸢飞鱼跃"的不同看法,显示了李光地与严守程朱学说的陆陇其的分歧。分歧的实质是:是将人的"天性"作为最高本体,还是将"天理"作为最高本体。

与程朱理学把"理"作为其思想体系的最高范畴不同,李光地思想体系的最高范畴是"性"。程朱把"天理"作为最高的实在,而李光地则把"天性"作为最高的实在。程朱是"天理"本体论,李光地则是"天性"本体论。"性"的地位的提高和"理"的地位的降低,这实在是一个值得注意的思想动向。

"性"这一范畴的内涵是什么?请看李光地的著名的"谷种之喻":谷种发芽生长,还不能叫性,之所以发芽生长而且万古不变的才是性;性是事物之"所以生",其特点是"不会变""不肯住",因而"性立天下之有"。说得通俗一点就是:性是事物之所以成为其自身的本质属性和内在依据,同时亦是事物的内在生机和活力;凭借内在生机和活力,事物得以保持其自身的本质("不会变"),同时又不断地对象化自身("不肯住")。而正是由于事事物物都依据其本质而成为其自身,所以才说"性"是最高的实在,这样,所谓"性"也就成为万事万物的本质中概括出来的最高的哲学范畴——"有"。

"性"包括天地之性、人性、物性三个方面。李光地对天地之性作了以下的规定:

第一,天地之性是"生物之本体"。天地间的一切事物,都是从这一本体化生而来,而天地之性作为生物之本体,则是永恒不变的。

第二，天地之性是"博爱""兼爱"。既然天地之性是化生万物，亦唯天地能兼爱之，所以程颐批评韩愈以博爱为仁为非是不对的，而"欲以一言尽仁体，未有善于博爱者也"，《易经》说"天地之大德曰生"，就是博爱的意思。

第三，天地之性是"至极而无所加于其上"的主宰纲维。天地之性既为生物之本体，因而也就没有任何事物能够加于其上，万物的本质属性既由它而来，所以它就具有了万物之"根柢标准"和"主宰纲维"的意义，所以称之为"太极"。

什么是人性？李光地认为，人性得之于天地之性，天地之性有元、亨、利、贞四德，人得乎元之德以为仁，得乎亨之德以为礼，得乎利之德以为义，得乎贞之德以为智，故人性具有仁、义、礼、智四端，或仁、义、礼、智、信五常，所以说"人性皆善"。人以"天地生物之心以为心，此亦博爱之谓也"。

什么是物性？物既为天地所化生，物性自然也就禀受了天地之性，因而物也有"天命之善"。但物性和人性不同：人性是得天地之性的"正"，物性则是得天地之性的"偏"。由于人性中的种种善端都不是物性所能完全具备的，所以只能说"人性皆善"，而不能说"性皆善"。

在天地之性、人性、物性三者之中，天地之性是产生人性和物性的本原，是纯粹至善的；人性最能表现出天地之性的纯粹至善，因而天地之生人为贵，人性高于物性。

从抽象到具体，李光地进一步以"仁"来定义"性"，以"兼爱""博爱"来定义"仁"。必须指出，把"仁"定义为"博爱"，并非孔子的思想，当然也不是纯粹的儒家思想。孔孟儒家讲的是"等差之爱"，爱是要讲等级差别的；与此相反的是墨家所讲的"兼爱"，即不讲等级差别的爱。宋儒明确指出，以"博爱"释"仁"实际上是以墨学来冒充孔学。可是李光地却仍然坚持以博爱释仁，甚至以"性—仁—博爱"为本体，而且巧言辩说来驳斥程颐，说博爱合乎历古圣贤的思想，是"体用具举"；更有甚者，李光地还公然批评所谓"仁有厚薄"说，实际上是批评孔子的"爱有差等"说，强调："亲亲之杀，不是杀到薄处；尊贤之等，不是等到轻处。"

李光地既然把"性"上升为最高的哲学范畴，程朱理学的最高范畴也就退居相对次要的地位。关于性与理的关系，李光地指出："性为之主，理者其流也，命者其源也，学者缘流以溯源，故曰穷理尽性以至于命。"在性与理这对范畴中，性是生命存在的内在根据，理则是由"性"所规定的事物的"条理"，理是从属于性的。朱熹以"月印万川"来比喻"理一分殊"，李光地则以"月印万川"来比拟"性一分殊"。李光地明确表示，他不赞同程朱"性即是理"的命题。李光地认为，如果"性即是理"，那就是强调性是理的体现，以及理的至高无上的地位，但实际上性比理更根本，因此，他说："程子言性即理也，今当言理即性也。"即理是性的体现，"不知理之即性，则求高深之理而差于日用，溺泛滥之理而昧于本源"，这就势必导致"求理于外，其于性也日远矣"。

李光地还专门驳斥了"知性非要"和"性不可状"的观点。他认为，那种认为知性不重要的观点是受了儒家经典《中庸》《大学》的迷惑；那种认为"性不可状"、不可言说的观点，实际上是怀疑通过教化而复归人的善性的可能性。学者们不应受"人心惟危，道心惟微"说的迷惑而忽视对于"性"的探求，也不应该把"性"看作是不可知的。"观天地之为天地者，天地之情之心可见矣；观天地之情之心者，天地之性可识矣。"怎么能说"性"是不可名状、不可言说的呢？

以"性"为最高本体是一种巧妙地调和程朱陆王的手段。程朱向外求理，陆王反求诸心。而李光地讲的"性"从外来说，根源于天地；从内来说，又是人与生俱有。这就将程朱陆王的学说在"性本论"的基础上统一起来了，所以李光地说："理散于事物，性统乎人心。知之者以为万物皆备于我，则性与理一也。"李光地对于"性"所下的定义和关于性与理之关系的阐述，既表现了他不囿于前人见解的学术个性，也表现了在他的思想中所蕴涵着的"在传统中打破传统"的积极因素。

性气、理气观

李光地的哲学思想，当其论"性"为本体，性主理从时，还算清晰明了；但当其论到性与气、理与气的关系时，他的思想就显得十分复杂了。这种复杂性主要表现在：

从所使用的范畴来看，李光地为了使他的用语与传统的用语相一致，所以将性与气、理与气、道与器的关系问题，作为同一个问题来论述，将"性""理""道"诸范畴相混同。其同一段论述，往往既是论性与气的关系，亦是论理与气、道与器的关系。

从对性与气、理与气之关系的论述来看，李光地强调"一则不离，二则不杂"。所谓"二则不杂"，即离气以言性，离气以言理，明确认为性先气后、理先气后，表现了他的思想体系在总体上的唯心主义性质；然而又有所谓"一则不离"，即是说性与气、理与气实际上是不可分离的，性在气中、理亦在气中，这又说明他的思想体系中容纳了许多唯物主义的思想因素。当李光地强调其思想体系的唯心主义性质时，他对主张"理在气中"的唯物主义者进行了批评；而当他讲性与气、理与气不可分离的时候，特别是在他专论宇宙间的气化流行的时候，他又很像是一个唯物主义者。

李光地明确认为，"性为本，气为具""性先气后""先有理而后有气""道属上，器属下"。这是李光地关于"性气"

"理气""道器"之关系的基本观点。他说"性""理"乃是天地间气化流行的主宰，"性""理"决定"气"，产生"气"，"性"是体，"气"是用，因而不能不讲先后。他又说，性与气、理与气虽然不能判然分为两截，但就等级、层次来说，是"性先气后""理先气后"。这里的等级、层次，是逻辑上的等级、层次，意思是说，气之所以有种种变化，必有其终极原因，既然主宰着"气"的流行的"所以然"者是"性"是"理"，那么从逻辑上来说，也就不能不把"性"或"理"看作是最终的决定因素了。

"理先气后"本是程朱理学的基本观点，不是李光地的创造，但这一观点在明代受到了一系列的挑战，罗钦顺、蔡清、王守溪等人都对这一观点提出了质疑。为了维护这一理学唯心主义的基本观点，李光地对上述三人的观点提出了批评。

他说蔡清学说太"拘"，想把"太极"说成是"气"之全体，而把"理"仅仅看作是"气"的"运行不偏胜"之意，这实际上是认为在"气"之上没有更高层次的范畴，取消了对真正的本体的探究，因而蔡清是昧于"本体"的认识的。李光地运用思辨哲学"知其然而求其所以然"的逻辑推导，指出了"气"之所以"滚作一团而不乱"，其原因就在于有"性"或"理"作为"气"的主宰，以此说明"性先气后""理先气后"之确定不移。

罗钦顺曾公然批评朱熹"不明理"，而且批评道学祖师周敦颐的"太极无极"之误。其著名命题是"理在气之曲折处"，如春转到夏，由夏转到秋，这就是"理"。李光地批评罗钦顺时，并不在这一命题上做文章，而是说他"不敢离气而论性"。因为在李光地看来，"性"比"理"更根本；纵然理可于气之转折处见，理可以看作是变化着的"气"的条理，但还有一个永恒不变的最高本体"性"在："吾之所谓性者……虽离气言之而未尝无，此则所谓本原，所谓大原。实验之在阴阳五行之中，默识之则超于阴阳五行之上者也。"李光地的所谓"默识之"，实际上还是思辨哲学的逻辑推导——"谓气流行不已其转折处即理，到底有所以转折者在"。

进而，李光地又对王守溪以"气之灵"为"性"的观点提出了批评。他说守溪以性为气之灵，人得气以生而灵随之，是不对的。佛教尚且尊灵觉于无上，而守溪则以为灵觉随气而有，未免要被佛教徒所嗤笑。

对于中国古代哲学"气一元论"的思想，李光地是有所继承和发挥的。他说："盈天地之间者，气也，凝聚成质者谓之形，气之著见流精者谓之象，其节度分限谓之数，其灵机妙用谓之神，而其自然而然不可易者则谓之理。象形也，气数也，神理也，物而已矣，象形可观而察，气数可推而知，神理可穷而至。"

李光地还具有"物质不灭"的近代科学思想。这一思想本是明代嘉万年间的哲学家吕坤的一种天才的猜测，后来被大科学家、《天工开物》的作者宋应星所论证，又为明清之际的哲学家王船山、方以智所发挥。李光地或许读过他们的著作，所以在他的读书笔记中写下了"形有死生而气不可以死生言也"的哲学命题。

按照李光地的气化论，人也是天地中的一气流行所化生，人的精神现象，包括情、意、志等等，都是依赖于物质性的"气"的："气之精英谓之神，神之聚会谓之心，心之发用谓之情，情之趋度谓之意，意之趋向谓之志，情、意、志皆心之动也。"这是在当时的自然科学发展水平的条件下所能作出的对人类意识现象的正确解释。

李光地的思想受北宋哲学家张载的影响。张载的《正蒙》是一部著名的阐述元气本休论的著作，李光地亦曾注《正蒙》，对该书给予很高评价，说"横渠之言神化、性命也，精矣……

言虚空即气，性道合一者也"。李光地还引述张载的话，用阴阳二气的变化来阐释"性命之理"。

心性论

李光地的心性论，不仅在哲学思辨上比宋明道学更为精致，而且在由抽象思辨向感性具体的还原和转化上，也比程朱理学更具有提倡人的自觉能动性的积极意义。

他不同意陆王心学"以心为性""即心即性"的观点，他对于这一观点的批评是从两个方面展开的。

第一，陆王心学使"心"无有凭据。李光地把"心"分为"心之室"和"心之神"：前者是血肉之心，在人身上有确定的处所；后者则是心的"灵机妙用"，无在而无不在。前者是性的载体，后者则由性所派生，"人心之所以能周物而不遗者，以性大无外故也，故心之量之无不该，必性之源之无不穷。"这就是说，正因为有性作为"心"的主宰和性作为"心之神"的功用，所以人才能够获得对外界事物的认识。"性实心虚"，离开了"性"，心也就失去了"凭据"。所以，不能笼统地以心为性、即心即性。

第二，陆王心学以"非本心"来说明"不仁之人"的"不仁之心"难以自圆其说。李光地指出，孔子所说的"仁者，人也"，是说遵循"仁与义"的"人道"的人才是仁人，而并不是说每个人都是仁人，世界上既有不仁之人，即有不仁之心，可见"心不与性合"。孟子所谓"恻隐之心，仁之端也；羞恶之心，义之端也"，虽然是统心性而言的，但也并非说心即是性。与其像王阳明那样说心即性，而把不合仁义的说成不是人的本心，还不如将性与心在理论上作明确的区分："仁义之心，道心也；其不然者，人心之流也，则心性之辨明矣。"

但李光地不同意程朱理学把人性分为"天地之性"和"气

质之性"。他认为人性就是纯粹至善的天地之性，气质则不属于人性的范畴，因此没有必要作"天地之性"与"气质之性"的区分。他对张载、二程、朱熹的观点提出了批评，指出把人性区分为天地之性和气质之性，容易使人产生错觉，仿佛既有善的人性，亦有不善的人性，这样就会否认儒家"人性本善"说的普遍意义。他说气质不是"性"，正如气本于理、理在气中一样，"天地之性"就存在于气质之中；人的气质虽然有偏颇，正如银子的成色不等，但银子毕竟是银子，即使成色极低，也还可以提炼出比较纯的银子来。人性也是如此，虽然气质不尽相同，但人性毕竟还是善的。所以，不能把人的气禀说成气质之性，亦不能把气质之性与天地之性对立起来。

既然不可把人性区分为天命之性与气质之性，那么，又如何解释人在气质上的种种区别呢？李光地认为，性所禀受的是精神性的天命，所以，人的本性是善良的；而心所禀受的是物质性的气，气有过、有不及，杂糅不齐，于是也就产生了善恶的分别。

李光地进而认为，正是由于气有偏正、有精粗、有粹驳，才导致了人的"气质"上的种种差别，使得体现"理之全"的"正性"或者被遮蔽而不能显示出来，或者偏于仁、义、礼、智、信的正性的某一方面，或者竟完全没有了正性等等。然而，既然现实生活中所表现出来的人的"气质"是如此地不同，那么，又如何理解每个人都禀受了天命之性、人性本善呢？李光地回答说："人受天地之气以生，虽其偏之极矣，而理未始不全赋焉，而性未始不全具焉。特其掩于气之偏，故微而不能自达。"人可以通过后天的努力，使得这种先天具有的善性彰显出来："或感而动，或学而明，或困而觉，然后微渺之端绪可得而见焉。"但这种向善的努力，归根结底还在于人本来就具有先天所赋予的善端，在于人性本善，因而就有排除

"气质"的遮蔽而复归其善根的可能性。

李光地虽然承认人们有习性和禀赋的差异，这种差异既表现为"性相近而习相远"，又表现为"才之不齐"，但李光地坚决反对所谓"惟上智与下愚不移"说，这是他之所以反对张载、程朱区分天命之性与气质之性的真正目的所在。他说如果把"才"或"气质"也看作"性"，那就势必会肯定"惟上智与下愚不移"说；反之，如果不把气质看作人性，那么所谓"上智下愚不移"说也就被推倒了："上智下愚不移者，皆其志不自移焉……然而圣狂不自移也，非不可移也。"他认为，所谓"上智""下愚"虽不能自动地发生变化，但并不是不可改变的。问题在于"下愚"不能自安于其愚昧无知的状态，而要立志变成"上智"，努力变成"上智"。上智与下愚之分取决于主观的努力程度。"圣"者不注重其涵养，可以变成"狂"者；"狂"者通过注重其涵养，亦可以变成"圣者"。所谓"下愚"完全可以通过努力，达到"人一能之，己百之；人十能之，己千之"的效果，从而从愚者变为智者，从弱者变为强者。

"尊德性"与"道问学"

按照中国传统的"天人合一"的思维方式，道德既根源于客观的宇宙，亦根源于人内心的善端，天地之心即人之心，人之心亦即天地之心，这是几乎所有的中国古代哲学家共有的思维方式。所不同者，或偏重于客观，讲"理一分殊"；或偏重于主观，讲"心包万理"。在宋明道学中，朱熹是客观唯心主义者，以"理"作为最高本体，所以认识的对象是"天理"；王阳明是主观唯心主义者，以"心"作为最高本体，所以其认识的对象是心中固有的"良知"。李光地试图将二者统一起来，以"性"作为最高的本体，性统心、理，所以认识的对象是"性"，包括天地之性和由此派生的人性、物性。

由认识对象的不同，遂派生出不同的认识方法。朱熹既以"天理"作为认识的对象，所以强调"道问学"，讲"格物穷理"，以此达到"一旦豁然贯通，则众物之表里精粗无不到，而吾心之全体大用无不明"的境界，这是一种向外观认的直觉法；王阳明既以"吾心之良知"作为认识的对象，所以强调"尊德性"，讲"致良知"，以此达到"万物皆备于我""吾心之全体大用无不明"的境界，这是一种向内省视的直觉法。在李光地看来，这两种不同的认识方法的分歧早在孔子的学生子夏和子游那里就已经萌生了，朱熹与王阳明的歧异不过是子夏与子游的分歧的进一步发展，李光地既以"性"作为认识的对象，"性"既包含天地之性、人性和物性，所以"性之德合内外之道"。因此，可以而且能够将朱熹的"道问学"与王阳明的"尊德性"统一起来，将向外观认的直觉法与向内省视的直觉法统一起来。

但在李光地看来，"道问学"还得落实到"尊德性"，向外"格物穷理"还得落实到知人自身的本性，这就叫"知至"，亦叫作"知本"。李光地之不同于朱熹，在于用"合内外"的"性"代替了外在的"理"，避免了其过于强调向外观认而导致迷而忘返的弊病；而李光地之不同于王阳明，乃在于说明善性并不完全是内在的，它既是心中固有而又本之于天地，因此要认识人性也不能排斥观认天地之性的"道问学"。

李光地敏锐地看到了朱熹和王阳明无论是偏重"道问学"还是偏重"尊德性"，其最后的落脚点都是人自身的道德修养，所以他对朱熹与王阳明的这一相通之处着重地加以强调。在李光地看来，道德既根源于客观的宇宙，亦根源于人的本心的善端，向外观认是体察天地之性，向内省视是体察人性，而天地之性与人性本是一回事，最后还要落实到"体天地万物之性于身"的道德修养上，这就既不违背程朱，同时也吸取了陆王。

"性"既然是既统"心"，又统"理"，那么"致良知""求放心"或"格物穷理"，都可以被纳入同一个体系之中，并行而不悖、殊途而同归了。为了肯定王阳明的良知说，李光地直接发挥孟子的思想，他说："义理者，心之所固有，而心能生之物也。心固生物，然不以其所固有者而充之，长之，未有能生者也。"这就是孟子所谓人心先天具有善端，且需要后天加以扩充的道理。李光地又进一步发挥孟子关于"求放心"的思想，指出："学问之道无他，求其放心而已，此操存涵养之要。"李光地所发挥的孟子之所谓"求放心"的思想，亦即王阳明之所谓"致良知"。而李光地之所以又不同于王阳明，即在于他是先讲向外观认的"格物致知"，然后再讲向内省视的认识本心，并没有排斥在"求放心""致良知"之前或同时应有一个多闻多见多读书的向外观认的过程。他不同意王阳明关于一个人只要诚意谨独就可以"致良知"的观点，而认为必须通过"穷理致思、讲明开悟""日有孳孳而不能自已"的认知过程，才能达到致良知的目的。"盖程朱所谓穷理云者，非逐事物而忘身心之理也。心即理之心，理即心之理，合一之道也。"

　　为了强调"道问学"在认识过程中的重要性，李光地对王阳明强调"尊德性"而排斥"道问学"的片面性进行了批评，揭示了明末"束书不观、游谈无根"学风的根源，并且以"种树"作比喻阐明了"尊德性"与"道问学"相辅相成的辩证关系。

　　李光地认为，王阳明学说的根本弊病在于讲"无善无恶心之体"，这是阳明学说的本旨，而所谓"心自仁义、心自羞恶辞让是非"，不过是借孔孟之言来文饰其学说而已。按照王阳明学说，让人一味去体察"心之妙"，也就必然导致"遗书史、略文字，扫除记诵见闻"的结果。为了扫除明末的懒惰游谈的浮夸学风，李光地极力主张要多读书，不仅仅读圣贤书，而且要博学。他说:"书史文字,无非道也;记诵见闻,无非心也。古之人不曰观理,曰博文;不曰求道,曰格物……"

有人非难李光地说,你要求人们知识务求渊博,这不是好高骛远吗?读书的目的是穷理求道,难道可以不加选择吗?君不闻王阳明"树之初生,删其繁枝,人之初学,除其杂好"之言乎?李光地回答说,你听说过种树的道理吗?芟其枝叶,则伤其根;反之,其枝繁,其根大,叶茂则根深,根深则叶茂;"尊德性"与"道问学"的关系也是如此,只讲"尊德性"而不讲"道问学",正如种树而芟其枝叶,小芟而树干不大,大芟而树死,怎么能够指望它长成大树呢?"孔子之学,一则曰多闻多见,再则曰多闻多见,又曰好古敏以求之者也。一以贯之,而何害于道。"可见,"道问学"无害于"尊德性","尊德性"亦无妨于"道问学",二者是相辅相成的关系。这一论述,使宋明以来聚讼不已的"尊德性"与"道问学"的关系问题得到了比较圆满的解决。

知行观

李光地的知行观所讨论的知与行的问题,与我们今天所说的理论和实践的关系问题不完全是一回事。特别是在知行先后的问题上,其所着重讨论的主要是认识与道德践履(道德行为)的关系。

关于知行先后问题,朱熹主张先知后行,王阳明则主张先行后知,或知行合一。王阳明的根据是古代圣人讲"志"、讲"敬"皆在学问思辨之先,"尊德性"在"道问学"之先等等。"尊德性"在王阳明看来,既是知,又是行,所以有"知行合一"之说。朱熹的根据则在于《尚书》之言"知之匪艰,行之惟艰"以及前圣讲"博文"在"约礼"之先等等。王阳明把"志"与"敬"看作是"行",朱熹则认为"志"和"敬"不属于"行"的范畴，而应该在未讲知行之前就先讲立志和主敬。

李光地依据孔子的自述来划分志、敬、知、行的先后次序。从这一视角看问题，并且仅仅是在这一视角上，李光地才承认知先行后，他说孔子讲"吾十有五而志于学"，是立志；"三十而立"，是敬始成；自"不惑""知天命""耳顺"，是知始精；又至"从心所欲不逾矩"，是行始熟。这是孔子为学者立法。立志在主敬之先，求知在实行之先。

对于将立志放在第一位的重要意义，李光地指出："立志，何也？曰：知行之总也。立志然后可与立，知尽行至，然后可与权志道……学未有不自志始者也。"在这里，李光地提出了志统知行的观点，认为只有先立志，才能使知和行有明确的方向。

那么，为什么在讲了立志之后还要讲主敬呢？主敬是一种对于学问和为人处世的态度，主敬就是要心志专一、严肃认真。李光地认为，必须把这样一种敬业的精神贯穿于知和行的始终："敬之无乎不在，而为知行主。""有敬与行对，而知在其中；有敬与知对，而行在其中。"要"反复于知行而始终之于敬"。只有以敬的态度对待学问，才能好学不厌；只有以敬的态度对待事业，才能笃志力行。如果没有敬业精神，无论是学问还是事功，都将会一事无成。李光地还用"主敬"来解释"主静"，反对离"敬"言"静"。他说，所谓主静，并不是叫人不要动，而是叫人心思专一、矢志不移；不能"离敬言静"，离开了严肃认真的敬业精神去谈论所谓"静"，就会使人丧失其活泼泼的生机，而走向佛教唯心主义的空寂幻灭的境界。

在求知的问题上，李光地认为要正确处理好博学与笃志、切问与近思等方面的辩证关系。

关于博学与笃志，李光地认为，"不博学无以为笃志之地；然博学而不笃志，徒以广见闻、资口耳而已。笃志是鞭策所学必定要讨个实理。"

关于切问与近思，李光地认为，"不切问无以为近思之地；然切问而不近思，徒求之事迹而已。切问已是切于事情，裨于日用；近思却又体验到自己身心上去。"从这段话的后两句来看，其中包含着行中求知的意思：先"切于事情"，由此"体验到自己身心上去"。不切于事情，就不可能有体验，但如果不用"心"去体验，不"近思"，也不可能获得"实理"的认识。这其中似乎还接触到感性认识与理性认识的关系问题："切问"获得的是感性认识，"近思"才能获得理性认识。

知的目的是指导行，李光地以"花果之喻"来说明这一关系。他说："知之于行，犹华实也。不华则无实，华而不实，则徒华也。"在这里，他固然认为知在行之先犹如花在果之先，但他强调知的目的是行，如果知不能指导行，这种知亦不过是不结果实的花而已。

关于志、敬、知、行四者的关系，李光地认为，对于这四者排列的先后次序不应作机械的、凝固的理解，他认为这四者既是"一时并用""相须并进"的关系，又是"四者循环迭用"的关系。

从四者并用、相须并进的关系来看，学理上所谓志、敬、知、行的先后次序的排列，在日常生活中则是相辅相成、不可分割的：没有知为指导的行是盲目的行；不以敬的精神去求知，也就不可能获得知识；敬没有"志"作为奋斗的目标，也不可能收到自强不息的效果。反过来说，志虽大而缺乏敬业精神，志是不可能长久的；敬而不求知，敬又用在何处呢？至于有了知识而不力行，不以知识为指导去取得实际的效果，那么知识再多再好也是没有用处的，与无知并没有什么差别。因此，志、敬、知、行四者在实际生活中是同时并用、互相依存而并进的。

再从四者相互推移来看，又是"循环迭用"的关系。一个人从立志始，进而以敬的态度求知，再到力行之有成，从总体上看有一个志、敬、知、行的先后次序。但在实际上，四者是"循环迭用"地体现在人生的阶段性行程和总体性行程之中的："日月有日月之功，终身有终生之验……虽一日服行，朝暮之间，亦可以旋变。"志统行，敬主知行，因知以力行，既体现于人的一生之中，也体现在每年、每月乃至每日的生活践履之中。

至于专门论到知行的先后问题，李光地亦表现出极力调和程朱陆王之对立的倾向。从尊朱的角度看，李光地常讲先知后行，但他马上又补充说："非今日知之、明日行之之谓也。知愈真而行愈力，行愈笃而知愈至，并进之功也。"这又表现出对王阳明"先行后知""知行合一"学说的合理因素的吸取。其所谓知行"并进之功""知愈真而行愈力，行愈笃而知愈至"的命题，与王船山提出的"知是行之始，行是知之成"的命题同样深刻。

在下面一段论述中，李光地调和程朱陆王的对立的倾向表现得更为明显。他说："知行犹阴阳……如环斯循也……万物之所成终而所成始也，是以终为始也……善论学者，虽姚江之说不足以为道病；不善论学则虽朱子之说其病道也多矣。"从理论思维上来说，主张行先知后乃是包含于阳明心学的唯心主义体系中的一种唯物主义的思想因素，李光地没有抛弃这一积极的思想因素，而将其纳入理学的唯心主义体系，把知行看作是一种循环互动的关系，从而在唯心主义的基础上建立起知行辩证法的学说。

李光地将人生分为三个阶段：第一阶段是先行而后知，第二阶段是先知而后行，第三阶段又是先行而后知。在这里，程朱的"先知后行"说仅仅作为一个环节而纳入了人生的第二阶段，而行作为知的来源则占据了更为重要的地位。至于认识的最终目的，李光地说："德进矣，非业无以实践而要其终"，正如"草木之成者曰果焉、实焉"，人的"百行万事之成亦曰果焉、实焉"，因此，认识的最终目的还是在于实践，以收"百行万事之成"的果实。

理欲观

所谓"天理人欲之辨"，是程朱理学的根本观点和理论归宿。无论是二程还是朱熹，都认为"天理"与"人欲"是根本对立的，主张"存天理，灭人欲"。二程说："人心，私欲，故危殆；道心，天理，故精微。灭私欲，则天理明矣。"又说："无人欲即皆天理。"朱熹认为，道德修养的目的就是要革尽人欲、复尽天理："学者须是革尽人欲，复尽天理，方始是学。"他的学生问："饮食之间，孰为天理，孰为人欲?"朱熹回答说："饮食者，天理也。要求美味，人欲也。"这就是说，除了充饥以外的物质欲望都是罪恶的。

宋明以来，程朱理学的禁欲主义说教受到来自两个方面的冲击：一是它不可能为统治阶级所奉行，"多置歌儿舞女，日夕饮酒相欢"的统治者们是不理睬这一套的，虽然他们总是用"存天理，灭人欲"的说教来教化人民，但他们本身的行为则证明了这种说教的极端虚伪性；二是它受到来自下层民众特别是早期市民阶层及其代言人的冲击，他们认为这种否定人的生活欲求的说教是非人道的。正是在这种情况下，李光地对"天理人欲之辨"作了既非禁欲主义亦非纵欲主义的理性主义的修正。

"存天理，灭人欲"作为宋明理学的根本的信条，其理论前提是所谓"阳善阴恶""神善形恶""道心善人心恶"等基本观点。要修正乃至批判、推倒"存天理，灭人欲"的信条，就必须首先推倒其理论前提，破除"阳善阴恶""神善形恶""道心善人心恶"等荒谬观念。

这首先是要向朱熹宣战。按照朱熹的逻辑，从"阳主生，阴主杀"可推出"心思阳，形体阴"，进而又推出"形体主于为恶之理"，李光地则大以为不然，认为形体既可为善，亦可为恶；心思也是如此，既可以是善的，也可以是恶的。心思与形体都有为善和为恶两种可能性，不可以把恶专门归于形体。

　　李光地进而又对"阳善阴恶""道心善人心恶"之说提出了批评。他说自己在翰林院庶常馆读书时，受德子谔、徐善长影响，亦曾相信"阳善阴恶"说，但他经过自己的独立思考，终于发现这一观点是错误的，"阴与阳都是好的，如何说阳善阴恶"呢。既然阴阳不可作善与恶的机械区分，那么"道心"与"人心"也不应作此善彼恶之分，道心固然是纯粹至善，而人心也不全是恶的，二者在一定的条件下可以而且能够融为一体。李光地的这一观点，实际上推倒了孔门"人心惟危，道心惟微"的心传，对程朱理学来说，更是一个巨大的冲击。

　　在推倒程朱"天理人欲之辨"的理论依据的基础上，李光地指出："人欲者，耳目口鼻四肢之欲，是皆不能无者，非恶也。徇而流焉，则恶矣。"在这一论述中，人欲——"耳目口鼻四肢之欲"被看作是不能无的正常欲望，而不是罪恶，这就否定了二程与朱熹视"人欲"为罪恶的观点；同时，人的欲望又必须借助理性来加以节制，否则，就会导致人欲横流而陷于罪恶，这就与一味追求物质享乐的纵欲主义观点划清了界限。因此在李光地这里，"人欲"和"天理"就不再是互不相容的对立的两极，人欲亦有其正当性，人的任务只在于用"天理"去调节人欲，而不是"革尽人欲"。与此相反，程朱的观点看上去十分"高尚"，但由于过分强调了天理和人欲的对立，其结果也就只能是适得其反。在这里，李光地是比二程和朱熹更为高明的。

　　李光地还认为，正确处理好天理与人欲关系的关键，在于

"公天下之欲"。不能要老百姓存天理、灭人欲，而统治者自己则奉行纵欲主义，而只有公天下之欲，才能建立起良好的社会道德秩序。如何"公天下之欲"呢？李光地主张要明辨"人欲之私"与"天理之实"。他说："夫公天下之欲不为恶，惟有己则私耳。"他认为"公天下之欲"乃是"天理之实"，而一心只想着实现自己的私欲才是"人欲自私"。这一观点十分深刻，与同时代的王船山提出的"人欲之大公即天理之大同"的观点如出一辙。李光地与王船山，虽然一个身在朝廷，一个身在草野，不相闻问，但都在其思想中调整了天理与人欲的关系，而曲折地反映了当时中国社会的某种时代要求。

三、易学思想

在中国，除《尚书》外，《周易》可说是最古老的经典了。历代文人以注释圣人经典为能事，易学传统源远流长。

《周易》是一部什么样的书？从其源头来说，相传是伏羲氏仰观于天，俯察于地，近取诸身，远取诸物，于是始作八卦。八卦的基本元素是阳爻和阴爻。从伏羲氏到周文王，又过了几千年，相传是周文王将八卦推演为六十四卦、三百八十四爻，每爻都有爻辞，是为《周易》一书。《周易》是用来预测吉凶祸福的"占筮之书"。现代人认为《周易》未必是周文王所作，周武王夺取了商朝的天下后，生怕到手的江山又被谁抢走，于是战战兢兢，遇事都要求神问卜，这才有了《周易》一书。

从周秦之到李光地的两千多年中，虽然借《周易》来算命卜卦的神秘主义仍在继续流行，但学者们所注重的则是借解释《易经》来阐发自己的哲学思想，并试图从中引出"论道经邦，燮理阴阳"的大经大法。李光地作为一个学者和政治家，虽然有时也为康熙帝卜卦，预测吉凶祸福，但他所真正注重的还是借《易经》阐发思想。李光地论《周易》要旨说：

> 《易》之为书也，大而言之，则六经之原、天地
> 鬼神之奥也。切而言之，则动息语默、酬物应事修之
> 吉而悖之凶，盖有不可斯须去者。然其为书，始于卜
> 筮之教而根于阴阳之道，故玩辞必本于观象，而不为
> 苟用。非徒以象数为先也。象数而理义在焉。

这可以说是李光地易学思想的一个纲要。今天看来，其中比较有价值的，一是他从《周易》引申出的朴素辩证法思想，二是他从《周易》引申出的治国论，三是从《周易》中发挥出的道德修养论，后二者都体现着朴素辩证法的精神，堪称政治的辩证法和人生的辩证法。

"相生相对"的矛盾观

李光地从《易经》中首先引申出"对待"（矛盾）是事物发展变化（流行）的动力的观点。他说："易有交易，有变易。交易是对待，变易是流行。"他不同意蔡虚斋关于形有对待而无流行、气有流行而无对待的观点，他认为"对待"既表现在形中，也表现在气中，这就把"对待"贯穿于一切事物之中。进而他又认为，有对待，有交易，才有流行，才有变易，这就是说，任何事物都存在着自始至终的矛盾运动，矛盾是事物变化的内在动力。

"交易""对待"是矛盾的互相对立的方面；"变易""流行"是矛盾的相互作用的方面。在进一步的论述中，李光地又指出，"对待"并非外在的，而是内在的，是对立的双方共处于一个统一体的事物的内在矛盾。他说，读《易》全要看明阴阳二字，向来看阴阳是两物，其实阴阳只是统一体中的两个方面：天地是阴阳对立的统一体，人自身的形与神也是阴阳对立的统一体，阴阳不是事物的外在对立，而是事物的内在矛盾，

是每一事物中共有的互相依存的两个方面。

然而，从"交易"（对待）到"变易"（流行），还有一个中间环节，这就是"阴阳相薄"的"自然之理"。李光地解释《易经》的"屯"卦（震下坎上）时指出，早春时节之所以特别寒冷，黎明之前之所以特别黑暗，由乱返治之际之所以多有灾难，都可以用"阴阳相薄"的"自然之理"来解释，是阴阳两种势力处于激烈的交战状态的表现。所谓"阴阳相薄"，实际上就是指矛盾的斗争性。由于这种斗争性，才有寒暑相推、昼夜更替、乱极而治的变易流行。这种说法，在我们今天看来，虽然显得十分朴素且并不完全合乎科学，但却猜测到了矛盾的斗争性在事物发展过程中的作用，因而具有一定的合理性。

李光地在论事物的内在矛盾时，有所谓"阴阳各有用事之时"的提法，亦值得注意。对于"阴阳各有用事之时"一语，李光地作了举例说明。他说，心神是阳，形体是阴，人头脑清明时便是心神用事，头脑昏浊时便是形体用事；一心盘算时是阳用事，目视耳听手持足行时是阴用事。这说明在阴阳对立的双方中，在一定的时候必有一方占据主要地位，而成为矛盾的主要方面，而这一矛盾的主要方面也就决定着事物的性质，例如人的"清明"与"昏浊"就是如此。然而，虽然"阴阳各有用事之时"，但对立的双方仍然是不可割裂的：人在决策时是心神用事，但决策是为了指导"形体用事"的行动；行动时是形体用事，但行动时又离不开心神用事的决策指导。在这里，矛盾的双方不仅互相依存，互相渗透，而且互相贯通，互相转化。

李光地认为，事物的存在是动与静的对立统一。他在阐述这一观点时提出了两个命题：一是动静有常。他说"动静有常"有两重含义：一是或动或静，二是时动时静。这两重含义讲的是一个道理，即动静的相对性，说一个事物是动还是静，都是相对于特定的参照物而言的，相对于此一事物来说是静，而相对于彼一事物来说又是动。这就叫作"动静有常"。二是动静互根。他说孔子讲《易》时有许多"神"字，有说似"鬼神"者，有说似"神化"者，有说似"心神"者，究竟如何解释这个"神"字呢？李光地说，孔子所说的"神"，就是"两物相感之几，互根之妙"的变化之理：阴阳交感，一动一静，动与静互相依存，互为存在的根据，所以动中有静，静中有动，二者都不是孤立的存在；同时，静是相对的静，动则是绝对的动，如此方有天地的"广生大德"，有种种变化的发生。而之所以有动静的对立统一，则根源于天地阴阳"相感之几、互根之妙"的矛盾运动。

在李光地关于动静的论述中，明显地带有所谓"阴阳交感""静专动直、静翕动辟"，因而有"广生大生"的原始生殖文化的特征。但这一特征是古老的中国哲学共有的特征，撇开这种原始的两性关系的色彩，其所讲的对立统一的基本原理倒还是颇合乎辩证法的精神的。直到20世纪，还有大哲学家用两性关系来讲辩证法。由此亦可见不能苛求前人。我们的责任仅在于从中剥取出合理的内核。

李光地还从《易经》的研究中引申出事物的辩证法和认识的辩证法。他说："天下道理，只有相生、相对二义。序卦因经卦之序，流水说去，以明卦卦钩连，皆有相生之义。杂传因反对之卦，双双发明，以见卦卦配搭，皆有相对之义。如此看《易》，方觉得活泼泼，头头是道。……后来诠《易》者，尚多看作极定物事，岂不可叹！"李光地似乎已经意识到，只有用相生、相对的辩证法观点看问题，才能揭示事物的辩证关系，把事物的存在看作是"活泼泼的"、处于普遍联系之中的、不断"流行""变易"的动态过程；同时，也只有用相生、相对的辩证法观点看问题，才能避免把事物看作"极定物事"的凝固的、僵化的观点，如实反映客观世界的辩证联系，促进认识的深化。

李光地在借《易经》来发挥其朴素辩证法思想的时候，还猜测到"否定之否定"规律的某些观点。例如，他在解释"蛊"卦时说："虽更始而其绪有承，非全然改革之比。"这多少体现了一点辩证的否定观的精神：辩证的否定不是否定一切，其中有变革，亦有继承，是批判的继承。又如，他在解释"贲"卦时说："末附于本，理也，岂可说本附于末乎？使末反于本，而其中之本自在也，岂非其一本之分乎？如枝叶则附于根种，及枝叶成实而复归于根种，无非一种之分而已，其中之根种固在也。"这段话的本意固然是论本末关系、论本与末的相互转化，但其所举的例子，则是今日讲辩证法的"否定之否定规律"者所举的例子，即"种子——植株——种子"的例子。李光地认为，本可以转化为末，犹如种子生出植株；末又可以转化为本，如植株结出果实而复归于种子。这很像是在讲否定之否定，只是他还没有借此发挥出事物发展的前进性和曲折性之统一的原理而已。

"论道经邦"的政治辩证法

李光地研究《周易》，不仅从中引申发挥出一套天地阴阳流行变化的朴素的辩证法思想，而且从中引申发挥出一套体现着这种朴素辩证法思想的政治哲学。按照中国传统的"天人合一"的思维方式，天道与人事是合一的，体天道是为了施诸人事，修人事是为了体现天意，所以李光地关于天地阴阳的朴素辩证法思想与他的政治哲学是相贯通的，后者实际上是前者的运用，堪称一种"应用哲学"或"实用的辩证法"。

1. 论君民上下关系

李光地从《周易》中发挥出的政治的实用辩证法思想，首先是强调通君民上下之情。他从"天地交则泰"引申出"上下交则治"的道理，反对"君与臣民之情阔绝"的独夫政治，而主张"君之心周乎人民之内"的开明政治。在李光地看来，上古三代的帝王是善于体察下情的，如"尧之舍己从人、舜之好问好察"等等，所以那时能够达到天下大治，而周朝之所以衰落，就在于晚周的统治者不体察下情、只听周围小人们的谗言而疏远贤人。他甚至认为，正如天地不通就会万物凋零一样，上下之情不通则会导致亡国丧邦。

他十分推崇上古三代的原始民主制的遗风，主张君主必须倾听人民的呼声。他的这一观点是通过对《易经》的阐述来加以发挥的。他说："雷出地奋，所以作乐；风行地上，所以陈诗。省方观民，即古者天子巡狩，命太史陈诗以观民风之事也。……有和风，有凄风，有厉风，物之感以成声，亦以类异，故诗有十五国风焉。"李光地认为，人民的喜怒哀乐会在他们的歌谣中反映出来，政治的兴衰和社会风气的好坏，也会在人民的歌谣中反映出来。上古时代，君主巡视四方，令太史采集民间歌谣以观民风，反映了那时君主试图了解下情的努力。近三百年来，中国哲人常常借推崇上古三代的原始民主制遗风来阐述其初步的民主思想，直到 19 世纪 50 年代的早期改良派人士使用的也还是这种古色古香的语言，如冯桂芬提出的"复呈诗"的主张就是如此。

李光地还认为，"上下之情通泰"有利于政治的清明，他说："天地之气通泰，则阴渗去而阳和来矣。上下之情通泰，则邪恶去而正直来矣。"君主注意体察下情，就会有正直的人出来讲真话，这样也才能了解到社会的真实情况，才不至于为巧言佞色、专说假话的小人所蒙蔽；同时，也只有通过倾听人民的呼声，才能使危害国家和人民的邪恶小人得到应有的惩罚，使吏治得到澄清。

在解释《易经》的"损"卦和"益"卦的时候，李光地又进一步发挥了关于君民上下关系的辩证法思想。他指出："必损下而后益上，则损者至矣，乌得益乎？弗损于下而益于上，然后谓之大益，而无咎可贞，且利有攸往也。"又说："损上益下者必贵，于自上而下下，言泽必下究也。"他认为，统治者不应靠损害人民的利益来满足自己的利益，如果靠损害人民的利益来满足自己的欲望，那么结果只能是适得其反；反之，只有不损害人民的利益，才能给统治者带来"大益"，才能做到"利有攸往"。李光地甚至还主张"损上而益下"，正如水往低处流一样，使人民得到好处。他认为只要这样做了，人民就会衷心祝愿皇帝"万寿无疆"，就会使"王道大光"，天下太平。

李光地对《周易》"大畜""小畜"两卦的解释也别具特色。他说："'大畜'者，圣君在上，正名定分，布德发政，天下风靡。'小畜'则如以臣子而匡救其君父也。自上而变下者易，自下而变上者难。然始虽势逆，积久自效。"在传统社会中，以上变下易，皇帝一声令下，就会天下风靡；自下变上难，因为大权在皇帝手中。在矛盾的双方中，皇帝处于支配的地位。这道出了中国传统社会的实际情况。但是，李光地认为，虽然自下而变上难，但并非不能做到，"始虽势逆，积久自效"。这体现了他量变可以导致质变，以及矛盾的主要方面和次要方面可以相互转化的思想。此外，李光地在对"大畜""小畜"两卦的解释中，还讲到了臣子必须功成身退，以免导致凶咎，这当然只是传统社会中当臣子的自保之道，但也反映了那个时代君臣关系的实际情况，其中亦包含"祸福倚伏"的朴素辩证法观念。

2. 论"小人勿用"

《周易》"师"卦"上六"的爻辞是："大君有命，开国承家，小人勿用。"李光地着重对"小人勿用"作了阐述，他说，打天下时固然不能不用小人，治天下就不能用小人了。可是历代帝王常常在打下天下以后，"多致骄盈"，喜欢人拍马屁，所以小人容易得志，导致政治腐败。鉴于这一点，李光地强调，治国必须任人唯贤，而不可用谄佞小人，以防止再弄得天下大乱。所以李光地在解释《周易》"巽"卦的时候，强调指出清除小人的必要性："巽者，入也。非谓一阴能入，谓二阳能入一阴以散之也。……国家有藏奸伏恶必搜索整治而后消散，亦是此理。"

可是，奸邪小人并非那么容易清除的，腐败现象也不是一下子消除得了的。有首唐诗把小人和腐败比作笼罩在朝廷上的阴影："重重叠叠上瑶台，几度呼童扫不开。才叫太阳收拾去，又叫月亮送影来。"对此，李光地亦有"风云之喻"："常见五六月间，空即云起，随即风来吹散之，云散则风亦止矣。再有云起，则风又至。"所以李光地认为，"巽"卦就是要以二阳对付一阴，破散阴气。"利有攸往者，搜摘不可不急也"，扫除奸邪不可不急，但同时，还要有果断的、大刀阔斧的气概："利见大人者，必得阳刚而后能化也。史巫以搜其奸邪资斧也，齐斧也。"有人问李光地，皇帝对惩治腐败不果断，是不是有疑于卑暗呢？李光地回答道，皇帝不是安于暗弱的人，他也未尝不想彻底惩治那些腐败的小人，只不过……这原因李光地没有说。但李光地警告说，如果当断不断，最后就会发生祸乱了。

李光地强调，必须对小人乱政的危险性保持长久的警惕，对澄清吏治必须常抓不懈。他说："阳虽盛而阴虽衰，然警戒之心不可忘也。……阴既穷矣，然当此之时，犹未可忘戒惧。苟以为阴既尽而无呼号之备，则其终必有凶。盖虑怠于所安，而患生于所忽，故乱本犹在，患能复萌，害气虽穷而能复生。"李光地总结历史经验，认为历史上任何朝代都未能使小人绝迹，他似乎已经意识到，只要权力能给人带来利益，也就会有人以权谋私，这就是他所说的"乱本犹在，患能复萌"。关键在于对此要有高度的警惕性，万不可抓一抓、放一放。他强调："虑怠于所安，而患生于所忽。"一旦放松了，"其终必有凶"，到那时就会国将不国了。李光地的这些论述，表现了他的忧国忧民的襟怀和十分深远的政治洞察力。

3. 论"改革"

李光地通过解释《易经》的"革"卦，发挥出一套关于改革的见解。他首先肯定了改革的合理性："天地革而四时成，汤武革命，顺乎天而应乎人，革之时大矣哉！《易》之变莫大于革也。其余如'蛊'如'巽'，振饬更新而已，故独赞其时之大。"

李光地根据卦象来解释"革"，就是"以下陵（凌）上则不相得而为革"，"革"是在下位者起来反对在上位者。但李光地强调，改革必须是顺乎人心的，必须是把握适当的时机的，必须是没有偏弊的。他说："改革之道甚大，不可以易而为，必迟之至于巳日之久，乃去其故，则人心孚信，而可以得元亨矣。"他认为，对于改革既要积极，又要慎重，他既反对"固守其常"的保守态度，又反对妄动而往的急躁冒进，主张对于改革方案必须反复详审，以求实行起来能够见信于民。他对"革"卦"九三"爻辞的解释就是讲的这一道理。

在李光地以前，中国思想家们论"常"与"变"的关系，总是讲"奉常以处变"，即以不变应万变；又总是讲"变而不离其常"，即变来变去，总不能使中国离开以往的旧轨道。可是，李光地却大胆地指出："当改革之时……固守其常亦危"，这实在是发千古圣哲所未发的十分深刻的辩证法思想。

4. 论"忧患"

李光地十分强调统治者必须具有忧患意识，但他认为，这种忧患意识应该是"忧患天下，不是只为一身"；应该是"吉凶与民同患"，而不是仅仅为自身患得患失。

从"忧患天下"的立足点出发，李光地发挥了在胜利时不要骄傲的思想。他说，虞舜、夏禹有忧患意识，不因其武功而骄傲，所以能够"修德"；汉武帝、唐太宗可谓武功显赫，但在胜利时却担忧因外患的消除而产生贪图安逸的情绪，因而汉唐的国势能在相当长的时期内延续不衰。与此相反，"江左平而羊车肆"，当过隋军灭陈的军事统帅的杨广在继承父位当皇帝以后，贪图安逸享乐，不久就导致了隋朝的灭亡；"朱梁灭而伶官盛"，后唐庄宗李存勖在消灭了朱温篡唐而建立的后梁政权、统一黄河流域以后，沉湎声色，仅一年就因发生兵变而丢掉了皇位。鉴于这些历史教训，李光地谆谆告诫人们，不仅祖宗之功不可恃，即使自己的功劳也不可恃，千万不可忘记满招损、谦受益、居安思危的道理。

李光地还认为，整个《易经》，说到底，就是叫人要具有忧患意识，在"既济"之后，仍要存以"未济"之心，保持谦虚谨慎、不骄不躁的作风。他说："观乎《序卦》《杂卦》，皆以'未济'终篇，非欲其终于'未济'也。谓夫虽当已济之时，而常存未济之心，此则所谓惧以终始，《易》之道也。故六十四卦、三百八十四爻，而一言以蔽之，终日乾乾是也。"李光地的这一论述，不仅对《周易》的中心思想作了十分精辟的概括，他所着重强调的这一思想，对今天乃至今后的人们来说，仍然十分有益。

"知险习险"的人生辩证法

李光地不仅从《周易》中发挥出论道经邦的实用辩证法，而且还发挥出一套关于人生的道德修养的学说，其中亦渗透着辩证法的精神。

先从八卦上说，李光地认为，"八卦皆人心之德"："乾"（天）卦，指心神，"坤"（地）卦，指体质，乾健坤顺，百体从令；"震"（雷）卦主动；"巽"（风）卦主人散；"兑"（泽）卦主说；"艮"（山）卦主止；如此等等，都是人不可缺少的素质。

李光地着重发挥的是"坎"（水）卦的意义，他说，唯"水"卦主险，程朱讲这里是说人心险恶，不对，岂可说人心有险德？故圣人于"坎"上加一"习"字。"习"字是人心之德最不可缺少的。人生如历险，过了一重险又一重险；人就是要"习"险，经得起险的考验。之所以讲人生如历险，是从两重意义上讲的：一是艰难困苦、贫贱祸患，圣贤免不了，平常人也似乎难免；二是饮食男女声色嗜好，弄得不好也会掉进那种"极如意"的陷阱中而不能自拔。李光地十分强调人要经得起这两个方面的考验，特别是要经得起后一个方面的考验，认为经得起险的考验才是人心最不可缺少的德性。这一论述非常深刻。

李光地解释《易经》的"乾以易知，坤以简能"说，是从两重意义上解释的。一是从人生态度上说，二是从工作方法上说，但主要是从人生态度上说。他说，人的一生中会遇到种种险阻，遇到许多阴谋诡计的攻击陷害，一般人如遇到此种情形，总要设法以其人之道还治其人之身，那就既不"易"也不"简"了。应该以"易简"之道来对付险恶的处境。所谓"易"，即心地光明；所谓"简"，即行事顺理。一句话，就是不以阴谋诡计去对付阴谋诡计，自己正道直行就是了，这才可以战胜险阻而可以"有济"。当然这也要看具体情况，李光地遇到的是还算明智的康熙帝，所以"有济"。倘若遇到的是个昏君，他就不可能"有济"。但是，李光地教人即使在遇到险阻时，也要光明正大地行事，这毕竟是道德高尚的人所应持的态度。

除此以外，李光地还把"简"看作一种工作方法。他说："遇事之烦难琐碎者，我只求得其要领，则烦难琐碎处亦俱知其故。若仍以丛脞御之，如何知其阻。以简知之，即以简处之也。"所谓"求得其要领""以简知之，即以简处之"，实际上也就是要抓主要矛盾的意思。也就是说，在处理烦难琐碎的事情，即有多种矛盾并存的事情时，抓住了要领（主要矛盾），一切问题也就会迎刃而解了。

李光地认为，不仅治理国家要有忧患意识，人生也得有忧患意识。他解释"豫"卦"六五"的爻辞，"贞疾恒不死"这五个字时，发挥出一大段"生于忧患而死于安乐"的道理。他说，正如经常生点小病的人格外注意珍摄调养、防病治病，因而不至于生大病，虽然"常病"却"常不死"一样，一个经常遇到危难的人，亦格外谨慎戒惧，注重道德修养，不敢愉惰逸乐，因而能够防患于未然，不至于遭受大的灾祸。这也就是"生于忧患而死于安乐"的道理。在李光地看来，经常遭遇危难正如经常生病一样，固然是坏事，但可以在一定的条件下转化为好事。这一促使坏事向好事转化的条件就是发挥人的自觉能动性，像防病治病一样注意道德修养。

在解释《易经》的"需"卦时，李光地进一步发挥出在人生道路中如何避免失败、如何转败为胜的道理。他认为，由外在的不利条件所造成的灾祸，人可以设法避免之，但是，由自己的过失所造成的灾祸，那就不可逃避了。一个人如果处事"敬慎"，既兢兢业业而又谦虚谨慎，是不至于遭遇失败的，但即使在已经遭遇失败的情况下，倘若能够发挥自我的自觉能动性，总结遭遇挫折的经验教训，从此以"敬慎"的态度对待事业和人生，也是可以转败为胜的。在这里，李光地更明确地发挥了其注重内因，注重人的自觉能动性和促使坏事向好事转化、促使逆境向顺境转化的辩证观念。

李光地还把《易经》中包含的"无平不陂，无往不复"的辩证观念运用于看待人生旅程中的忧喜祸福，提出了"忧人所喜、喜人所忧"的深刻的人生辩证法思想。他说，从"泰"卦的卦象看，当"泰"（一种吉祥的征兆）才出现了一半的时候，作《易》的圣人就说"无平不陂，无往不复"，面对喜事即将降临而"不胜其忧惧之心"；相反，从"否"卦的卦象来看，当"否"这一凶的征兆才出现了一半的时候，圣人就说"有命，无咎"等等，面对灾祸即将降临而"不胜其喜幸之心"。在一般人看来，这不是幸灾乐祸吗？李光地认为，不然。作《易》的圣人之所以深刻，就在于他们能够洞察吉凶祸福转化的道理，能够在吉凶祸福处于潜在的或萌芽状态的时候，就预见到它向着相反的方面转化的可能性，所以才有"喜人之所忧，忧人之所喜"这种似乎是违背常情的看法。然而，"喜人之所忧，则有迁休之道"，即当坏事即将出现的时候，人们可以及时采取有力的措施，促使坏事向好事转化；"忧人之所喜，则有防患之谋"，即当喜事降临的时候，不仅不忘乎所以，而且格外警惕戒惧，以防止好事转化为坏事。在这里，李光地十分强调的是"明理而知己"的重要性，说明人只有通晓事物辩证转化的规律，才能有先见之明，以更好地发挥人的自觉能动性。

人的一生中有得意的时候，也有失意的时候，这都是不可避免的。有的人一旦失意，便意志消沉，心情悲戚，原先好端端的一个人，一到失意之时就什么病都来了，很快就去见了阎王爷。李光地的同僚和好友汤斌就是如此，他在官场上失意以后，总是做噩梦，梦见康熙帝将于某月某日某时要把他杀掉。李光地虽然极力安慰他，对他的噩梦作了相反的解释，也未能使他振作起来，过了不久，汤斌便抑郁而死。目睹人世风波、宦海浮沉，李光地对这种现象作了深刻的反思，从而在解释《易经》时发挥出以下立身处世的道理。他讲了三层意思：首先，他一针见血地指出，因失意而悲戚，是由于得志而喜；处贫贱而消沉，是由于富贵而骄；陷患难而震丧，是由于安逸而享乐。其次，只有得志时不要过分高兴，才不会因失意而过分忧伤；只有当富贵的时候不要骄傲，贫贱的时候才不至于灰心丧气；只有处安逸而不贪图享乐，在患难的时候才不至于害怕。最后，李光地还指出，当人处在逆境中的时候，要想崛起当然是很艰难的；而人在顺境中的时候，立身处事就比较容易，所以人在顺境的时候要想到可能遭遇的逆境，要有遭遇逆境的思想准备，这样一来可以尽量避免身蹈逆境，二来即使在逆境到来的时候，也不至于悲戚、消沉、沮丧、震慑了。李光地的这些充满辩证智慧的对于人生哲理的论述，实在十分富于启发意义。

中国有句老话，叫"靡不有初，鲜克有终"，是说做事善始者多，而善终者少。李光地则不仅讲要善始善终，而且认为"终即是始"，必须不断进取才好。他解释《周易》的卦位说："乾卦伏羲原放在南边，此是天的正位，文王却放在西北，妙处正在此，不可放过。"什么是不可放过的妙处呢？他说，妙处就在于，它提醒人们在事业取得成功的时候，仍然要保持清醒的头脑。它告诉人们："万物之所以成终而所成始也。……万物到此方成，是万物之所成终，然人但知其为成终，不知其成始者，即在此。其实万物之所成终，即万物之所成始也。"意思是说，事物的发展是阶段性和连续性的统一，并不是事物发展的某一阶段完结了，事物的发展也就停止了；恰恰相反，某一阶段的终点同时也就是新的阶段的起点。人所从事的事业也是如此，并不是说某件事情做完了，从此就可以不思进取了，而应"提醒此心"，看到阶段性的工作的终结也就是新的阶段的开始。他说孔子在解释这一卦位时，"下一'战'字，最妙。此时不战，便昏惰了"，就是要人以"战"的精神状态，去迎接新的挑战。这一论述，从事物发展的辩证法引申出奋发进取的人生辩证法，是李光地的一个独到的理论贡献。

以科学原理解《易》

李光地对《易经》的诠释，还有一个别出心裁的做法，即用西方传入的几何学原理来解释《易经》，将西方自然科学的原理融入中国传统的义理之学。例如，《易经》坤卦"六二"的爻辞是"直、方、大"等等，其原意本来是一种对大地的直观认识，即认为大地是平直的、四方的、辽阔的。而李光地则运用几何学的原理解释道："凡数起于点，当初只有一点，引者长之则为线，将此线四围而周方之则为面，又复叠之教高则为体。直方大，即是此意。直即线，方即面，大即体。唯直而后可方，既直方自然大。故曰敬义立而德不孤。"在这里，李光地以"敬以直内，义以方外"的理学命题与几何学原理相比附，以"敬"为"直"；以"义"为"方"，以"敬义立"为"大"，犹如几何学上的"体"，面面俱到，以此比喻具有完全的德性。这一方面固然反映了道德根源于客观宇宙的理学思维方式，但另一方面，把科学原理引入《易经》的诠释，也丰富了人们对这一古老经典的认识。

四、政治思想

李光地的政治思想继承了中国古代民本思想的传统，基本上是属于中国古代民本主义政治思想的范畴。但由于受明清之际早期启蒙思想的影响，也或多或少地打上了那个时代的先进社会思潮的印记，如反对"一人横行于天下"，认为"当官为救民，非为其君"等，又如认为从以农为本的农业经济到"金币之重"的商品经济是势之必然，官府不得与民争利；再如主张扩大地方自主权，对官僚实行"高薪养廉"政策等，都是颇有新意的政治主张。

民本主义

李光地继承了中国历史上的民本思想，认为"立国以民为邦本"，从这一观点出发，他发挥了孟子的重民思想。

孟子说："汤武革命，顺乎天而应乎人。"所谓"汤武革命"，是指商汤领导民众起来推翻暴君夏桀的统治，周武王领导民众起来推翻暴君殷纣的统治。孟子说"闻诛一夫纣也，未闻弑君也"，说人民起来推翻的是独夫民贼，而不是弑君，这就在一定程度上肯定了人民反抗暴政的合理性。李光地对这一观点作了发挥。他说，天为民立君，是为了老百姓，而不是为君主一家子子孙孙享受富贵。既然"天意"是如此，那么，如果君主对人民实行暴政，那就是自绝于天。既然君主自绝于天，那么有人起来领导人民推翻暴君，那就是"顺乎天而应乎人"的正义行动了。所以他说孟子肯定汤武放伐，是"得最上一层道理"。在传统社会中，皇帝除了老天爷和祖宗之灵之外，别的什么都不怕。大臣要制约君权的滥用，只能抬出"天意"和"祖宗"来。李光地之所以肯定孟子关于"汤武革命，顺乎天而应乎人"的说法，就是从"天意"立论的。

李光地从肯定人民推翻暴君的合理性，合乎逻辑地推导出反对"一人横行于天下"的专制暴政的进步思想。他指出："治天下样样皆当讲求，第一是要有根本。"这一根本就是君主要有自知之明和自我批评精神，如商汤所说的："朕躬有罪，无以万方；万方有罪，罪在朕躬。"又如周武王，以"一人横行于天下"为耻。中国上古时代的政治，或多或少带有一点原始民主制的遗风，例如当社会出现什么问题的时候，君王常常引咎自责。这种君主作自我批评的习惯一直延续下来，直到明末的崇祯皇帝还屡屡下《罪己诏》，向全国人民作检讨，将政治上的失误归罪于自身。尽管这不过是一种表面文章，但有这种表面文章毕竟比没有好一些。它至少向人们表明，君权并不是绝对的。李光地对上古时代的原始民主遗风十分推崇，并借此发挥出反对"一人横行于天下"的道理，认为这是治天下的道理中最根本的一条，只有懂得这一道理才能称为圣人。这一思想与王船山提出的"不以天下私一人"的著名命题，同样具有反对专制暴政的历史进步意义。

李光地在推崇上古三代原始民主制遗风的时候，还提到了周公。他借周公营建洛邑的事，批评封建世袭制，提出了"若子孙不贤，不如速亡"的进步思想。他说，周公营建洛邑，如果他是想使"天下永远属我家"，那就是为私家算计，而没有圣人"公天下"之心，但周公不是这样的人，他之所以营建洛邑，把都城迁到这个没有任何山川险阻的地方，乃是为了"使有德易以兴，无德易以衰"，既免得"害及于人"的不肖子孙凭借山川之险来维护自己的统治，又使得"有德者"能够领导人民顺利地攻克暴君的都城而推翻其统治。周公是具有"若子孙不贤，不如速亡"的宽广襟怀的。显然，李光地在这里采用的是"六经注我"的手法，借歌颂古代圣人，而宣扬自己的一套具有初步民主色彩的进步思想。

李光地推崇古代原始民主制的遗风，其思想中或多或少有点近代民主精神的微弱的萌芽。他引用上古贤相伊尹关于"匹夫匹妇不获自尽民主，罔与成厥（其）功"这句话，说普通老百姓如果不能对国事发表意见（民主），事业就不可能成功。他将这一观点提到"圣贤治事根本"的高度来认识，对这句话作了详细的发挥：第一，天下的道理是公共的，某项政策措施受人批评，就说明这项政策措施尚且有不完备之处，所以高明的统治者总是乐意接受人们的批评。第二，从认识的无穷发展的观点来看，天下的事理没有穷尽，一个人不能穷尽真理，更不能说某一个人的见解就是绝对正确的，所以在制定政策的时候，要广泛听取各方面的意见，使"众议必要周尽"。第三，从圣人所应具有的宽广的胸怀来看，即使自己的意见是正确的，即使自己的意见拥有多数人的支持，也要尊重和听取少数人的意见。"以能问于不能，以多问于寡"，这样做对事业只有好处，没有坏处。

在李光地看来，所谓圣人，无非是能够集中群众意见的人。他说："《中庸》说得浑厚，云百世以俟圣人而不惑。……然却有一层征诸庶民的道理。"他批评韩愈没有看到圣人治事总是"征诸庶民"，更不懂得"合众人之公便是一圣人"的道理。他认为"人心即天心"，普通老百姓亦能明是非、辨黑白、识忠奸。他说古今有两大恨：一是秋风五丈原，一是金牌十二道，至今三尺童子莫不知崇敬诸葛亮和岳飞，亦无不切齿痛恨秦桧。由此可知人心向背就是天意。中国古代民本思想认为"天听即我民听，天视即我民视"，李光地更认为"天心即是民心"，这也是对中国古代民本思想的继承和发展。

从民本思想出发，李光地反对"民可使由之，不可使知之"的愚民政策。他说《论语》中记载孔子所说"民可使由之，不可使知之"这句话是断章取义："《论语》多是记录文字，多剪头去尾……上面必有凡民都使知的说话。"而"民可使由之"的"民"，乃是指智力特别低的人，"且教他'由'，由得熟自然也知道些，非不许他知"。李光地认为，"得令大家皆知，有何不可?"如果错误地理解孔子的话，"便可到老庄田地"，而老庄是主张"常使民无知无欲"的。当然，李光地所说的要让民"知"，主要还是指传统社会的法制和道德伦理的知识。但是，承认了人民有知的权利，这就是一种进步。

从以民为本的思想出发，李光地主张政府要减轻人民的负担、地主要减轻对农民的剥削，这表现了民本思想的具体内容和基本性质。李光地在解释《论语》所谓"百姓足，君孰与不足"这句话时指出，鲁哀公时，税收是十分取二，因为发生了饥荒，所以百姓不能完税，有子主张十分只取其一，确实不是迂腐之论。在歉收之年，国家理应减免人民的赋税。如果仍照常例征税，百姓逃亡离散，国君没有了百姓，还能成其为国君吗？他又说，如今田主逢年荒，收不到租，就想上门去催迫佃户交租。有一人对田主说："何不救恤佃户呢？"田主说："救恤他，自己益发没得用了。"其人说："有佃户在，岂有年年收不到租的道理？假如佃户走了，则田地里全都长草了，那就真的是再也收不到租了。"李光地说有子讲的就是这种极其平正切实的道理，并不是泛泛地说"君民一体"的空话。有人认为，这实际上是"欲取姑予"之道。李光地不同意这种说法，他说如果是这样的话，那就把爱民之心说成是一种权术了。他强调国君减轻人民的负担要出于爱民的至诚之心，而不能把它作为一种统治术来使用。

明清之际，中国已经出现了近代商品经济的萌芽，但这种微弱的商品经济受到了官僚政治的破坏，其突出的表现是官僚们与民争利，巧取豪夺。李光地认为商品经济的发展是一种必然的趋势，反对官僚们也卷入商品经济的竞争，依仗其权势而谋取私利。他说："古者安于邦域，人鲜轻赍远游之事，故务谷米麻丝而自足。今也仕宦商旅万里纷然，金币之重亦势也。居官者不能率之务本而遏其分，且与之攘夺而崇其竞，是胥上下而市也。"光地认为，从以农为本到"金币之重"是势之必然，做官的人纵然不能使人们回复到以农为本的生活，也不应该去与民争利，将这种商品货币的竞争引入政治生活。如果这样做，那就不啻把官场也变成市场，就会导致政治的腐败。李光地还提出："民无以耕，山泽关市之利与民共之可也。"对于无地可耕的农民，国家应该允许他们开发山泽的财富和做买卖，与他们共享山泽关市之利。

为了缓和满汉民族矛盾，李光地主张废除满人特权，实行满人与汉人、满族官员与汉族官员在法律上的平等。他说："满洲生齿日繁，势不得不圈外地，百亩则失十人之业，千亩则百人，万顷则万人失业，此旗人与民人两敝之道也。莫如预定满兵应用若干，注籍若干，余听佃佣商贾，犯法与汉人同例，有司得而刑罪之。州县佐贰，汉军可做者，满洲亦可做，亦与汉人一例黜陟，不必拘聚京师。如此广其营生之路，去其骄倨之资，生计渐广，人才亦出也。"这是一个不仅对汉族人民有利，从长远眼光看也是一个对满族人民有利的主张。不过，他的这一主张也只是在非常有限的范围内实现了，而且主要局限于下层。从清朝二百六十七年的历史看，满族中的贵族始终是享有政治、经济和法律方面的特权的。但这一主张表明，李光地是具有民族平等的思想的。

以"民为邦本"的思想为出发点，李光地将对待人民、对待社稷、对待君主的态度区分为三种不同的思想境界，分别是：天民境界、安社稷臣境界、事君人者境界。他认为"天民"的思想境界最高，是真心实意地为百姓谋福利的；其次是"安社稷臣"境界，安社稷臣虽也有恩泽及于人民，但其动机是维护君主的统治，因而其思想境界不及"天民"；再次是"事君人者"境界，虽然不能说这种人对国家没有一点益处，但其主观动机不过是取悦皇帝而已，因而其思想境界最为低下。李光地最推崇"天民"的境界，所以他强调指出："仕以救民……非为君也。"既然做官是为了人民，那就要真心实意地为老百姓干实事，而不能只讲空话，所以李光地又指出："圣人老吾老，幼吾幼，以及人之老幼，一毫无所勉强。但至要做实事，便到底是他的老幼，不在一家住，这里便要安排，须是替他制田里，教树畜，有许多事。"在李光地看来，只有为老百姓做实事，把圣人推崇的大同世界的理想落实到具体的行动上，才称得上圣人，称得上"天民"的境界。

提倡通变

从孔夫子到孙中山，都认为中国的黄金时代是在上古，李光地也不例外。但是，李光地并不是一个复古主义者，而是主张"通变"，即根据时代的变迁而对制度作适当的变通。

在土地制度上，李光地认为，"井田不可复，大乱之后则均之，承平之余则限之，可也。"井田制是中国西周时代的一种土地制度，据说是将土地按"井"字格划分，其中一块是公田，此外是各农户的私田（农户有占有权和使用权），公田由村社集体耕作。私有制经济的发展导致了春秋时代的"废井田，开阡陌"，从此井田制就再也不可能恢复了。于是，经常出现的是"富者田连阡陌，贫者无立锥之地"的情形。中国历史上的农民起义和农民战争，都是在这种情形下爆发的，它反映了农民群众对于土地的要求。因此，中国历史上每当由天下大乱走向天下大治的改朝换代之际，新兴的王朝总要对土地的分配重新作出调整，北魏、隋、唐等朝代都实行过使耕者有其田的均田制，同时也不能不在一定程度上实行抑制土地兼并的政策。然而，小农经济不可避免地要造成两极分化，使得大批农民的土地被兼并而导致社会矛盾激化。因此，为了防止土地兼并，确保耕者有其田，历史上曾有不少政治家和思想家提出过恢复井田制的设想，清初恢复井田制的呼声也很高，但这种设想在客观上是行不通的。尤其是在近代商品经济正在萌芽和发展的情况下，恢复井田制只能将农民牢牢地束缚在土地上，其客观效果也不利于经济的发展。所以，李光地不赞成恢复井田制，而主张均田，主张实行限制土地兼并的政策。这种主张客观上是合乎人民群众的利益的。

在兵役制度方面，李光地认为，"兵农不可复，厄塞要害则设专兵，城内邦中则用民伍可也。"兵农制据说是上古三代的一种制度，人民亦农亦兵。其由来与"封诸侯，建王邑"的分封制相始终。然而自秦汉以来，"调发无时，其征戍也经年，行役也万里，生出死归，时人伤之。是故兵农之分，势也。"为了减轻人民对军队的负担，三国时的魏武帝曹操曾实行过军队屯田制。唐代实行府兵制，凡被选充当府兵的人，平日务农，农闲时训练，出征时自备兵器资粮，分番轮流宿卫京师，防守边境。但从唐高宗时起，人民即因负担过重而逃避兵役，导致府兵分番更替多不按时。到唐玄宗开元年间，更由于府兵无力自备兵器、资粮，须由政府拨给，便开始实行招募制，由朝廷供养的专职的军队守卫京师和边疆，府兵制逐渐消亡。但后来的专职军队由于脱离生产，政府亦不堪负担，同时亦导致军人习于游惰而缺乏战斗力。李光地总结了历史上中国兵役制的经验，针对当时兵役制的弊端，提出了两条"寓兵于农"的改革主张。

一是建立民兵。李光地认为，唐朝的府兵制固然不可能一下子恢复，守卫边疆海防的专职军队也不可能撤到内地，为了减轻国家的财政负担而又保障内地的社会稳定，最好的方法是建立民兵，但又不能像唐朝的府兵制那样，让民兵自己负担兵器、资粮的开销，而应该由政府拨给他们相当于专职军人一半的开销，由此亦可减轻民众个人的负担。这样，民兵制度就不可能像府兵制那样由于不可能长期实行而消亡。

二是对专职军队实行屯田制。李光地认为，专职军队实行屯田制，既有利于减轻国家财政负担，也可以使军人们由于经常参加劳动而避免习于游惰之弊。

关于国家是实行分封制还是实行郡县制，李光地认为，"封建不可复，推置勋贤而久任牧守可也。"这又是一个兼采分封制和郡县制之长处的方案。在中国历史上，几乎一直存在着分封制与郡县制的争论。李光地认为，分封制与郡县制各有得失：主张分封制的人的主观愿望是形成一种"枝叶相持，以蕃辅王室"的政治格局。然而，"及其敝也，不贡不朝，相兼相一，暴其民，甚者可以累世抗于大邦，而随因随极，此侯之衰也"；主张郡县制的人，主观愿望是避免分封制的弊病，然而，"及其敝也，所居为馆传焉，所驭如路人焉，王室衰而瓦解，此守之末也"。分封制的弊病在于诸侯世袭而易于造成割据，郡县制的弊病则在于官员经常更替而难以有所建树，所以李光地主张在实行郡县制的情况下，应该延长地方官员的任期，以便增强官员的责任心和事业心，亦使其能够周知民情、凝聚民众，作出政绩。

为了适应社会经济发展的需要，李光地主张在维护国家统一的前提下，扩大地方自治的权力。他的这一主张，是借宣扬"圣人公天下之心"来表达的。他说："舜葬苍梧，是广西已入版图；禹会涂山，是浙东已入版图。……大抵诸侯各君其国，天子有道则来朝，否则职贡不至，声教遂阻。……总之，王畿虽为万国系属，而各国却委其自治。圣人公天下之心，原是如此。"这段话虽然讲的是上古三代，但反映的却是明清之际中国社会新的时代要求。在西方，近代商品经济的发展，最初是通过打破封建割据状态，建立统一的民族国家而实现的。而在历来是中央集权的大一统的东方社会，商品经济发展的客观需要却是适当扩大地方自治的权力，以免因朝廷对各地方经济发展的过多干预而束缚社会经济发展的进程。对待这一问题，片面强调扩大地方权力乃至导致国家分裂，是错误的；片面强调中央集权而不肯给地方以更多的自主权，也是错误的。李光地从"圣人公天下之心"出发，主张在维护国家统一、保持统一的中央政府的前提下，给予各地方政府以更多的自治权力，避免在中央与地方的关系问题上的两种错误倾向，是合乎当时中国社会经济发展的客观要求的。

行政改革

在行政制度方面，李光地也提出了一些改革的主张。

第一，州县行政长官也应兼管文教、兵戎，反对治教分离和文武分离。中国传统政治的所谓分权，与现代西方政治的分权不同。传统政治的所谓分权，是为了使官员之间互相牵制，而不致危害皇权的独占性。李光地认为，实行行政、文教、兵戎、财政诸权分离，势必造成宋代那种"有民者无兵，有兵者无钱"的状况，这样一种互相牵制的局面，使得"职分则愈惰，事离则愈隳，相扶倚者立不坚，相牵曳者行不前"，大大削弱了州县行政长官的权力，使得应该管的事情管不了，应该办的事情办不成。名为分权以防乱，实际上却足以酿成祸乱。李光地举宋代的例子来说明这个问题具有深意，因为宋代就是在长期的互相牵制、掣肘之中导致国家积贫积弱而灭亡的。鉴于这种教训，李光地认为，权力不宜分割得过细，应该允许州县行政长官有兼管地方上的文教和兵戎之备的权力。

第二，大官宜少，责任宜专。李光地引用了顾炎武关于"卑员多者治之基，大官众者乱之始"的论述，并进一步发挥说，基层官吏比较容易接近民众，所以能了解下情，他们是直接办事的人，这样的官多一些不要紧，但大官不能多，多了遇事会互相推诿，谁也不负责任。而大官不负责任的话，基层官吏也就与普通老百姓没有什么差别，也没有办事的积极性，那就会导致政事的荒废。

第三，对全国官员的任免权力不宜完全集中于朝廷。李光地认为，在上古时代，由天子直接任命的官员，只到各诸侯国的卿大夫一级，自从汉代太守自辟其僚属后，历代王朝为了防止各省大员谋私，于是就连下级官员的任免权力也归于朝廷。而朝廷又不了解地方的实际需要，因而造成冗职过多的情形。李光地主张，对这种情形必须加以改变，对于朝廷来说，关键是在把握住对封疆大吏的任免权，而对下层官员的任免权则应下放给地方。李光地认为，这样做才能体现"大公之道流行"。

李光地还提出了提高官员们的薪俸以"养廉"的思想和主张。这一思想和主张是通过总结明王朝的经验教训而提出来的。

明太祖朱元璋作为农民起义的领袖而登上皇位，一方面杀掉很多的大地主，并严禁土地兼并；另一方面对官员实行低薪制，目的是缩小社会的贫富差别和保持政府的廉洁。由于实行低薪制，官员们的俸禄一般只能养家糊口，不可能给曾经以全家族的力量资助一人读书做官的族人们带来利益。族人们希望得到利益的要求和官员本人的报恩心理，与低薪制形成了尖锐的冲突，成为驱使官员们贪污受贿的一个重要因素。明太祖以最残酷的剥皮刑罚来严惩贪污，发现官员贪污就将官员的皮剥下来悬挂在衙门的公堂上，以警告继任的官员。但尽管如此，仍然不能制止贪污，反而愈演愈烈，整个明王朝就是"以剥皮始，以剥皮终"的。

清初继续实行低薪制，一个正七品的知县，年俸银只有四十五两白银，四品知府一百零五两，巡抚是从二品，一百五十五两，总督从一品，一百八十两。康熙帝为了推行清官政治，更屡屡降低官员薪水。少数人如陆陇其、张伯行等人为了当清官，只好淡衣素食，甚至还需要从家族得到接济。但是用这种很高的思想境界来要求多数人，是不切实际的，也是做不到的。在这种情况下，康熙帝只好采用两面手法：一方面，在公开发布的诏谕中责备官员的额外需索，要求官员们都要有大公无私的思想道德境界；另一方面，在私下又对官员向百姓的私派、加派等行为网开一面，给以宽容。这种虚伪的做法，只会导致政治的日益腐败，而与清官政治的初衷背道而驰。

李光地敏锐地看到了传统政治的这一弊端。他对康熙帝说，给官员发薪俸的目的是养廉，以防止其陷于邪门歪道，但薪俸太低却不利于养廉，私下网开一面又造成了"竞为需求以陷于邪"的局面。廉洁本来应该是官员应有的品质，但现在却成了一种荣誉，成了少数官员邀取名声的手段，这说明皇帝陛下"于澄叙官方之道似有未尽"。把这句话的意思表达得直露一点，实际上就是说康熙帝还不完全懂得澄清吏治的治国之道。

那么，如何改变这种状况呢？李光地认为，可以通过建立民兵和军队屯田来节省数以百万计的军费开支，将节省下来的军费用来增加各级政府官员的薪俸；在增加薪俸以后，如再有额外索取的行为，则严惩不贷。在李光地看来，只有一方面使官员的薪俸足以自给，另一方面又坚决堵住私下容忍官员额外索取的漏洞，才能澄清吏治，实现清官政治的理想。当然，李光地的这一主张也未免有些天真，宋朝对官员就是实行高薪制，但官员们还是照贪不误。康熙帝虽然口头上表示同意李光地的看法和主张，然而却以"重慎改作"为名，并没有予以采纳。

完善科举

关于选拔人才的制度，李光地认为："乡选里举不可复，精择才行勿以文辞之科先之可也。"乡选里举的"选举"制也是上古三代的一种制度，据说周朝那时用人，都是由基层选举推荐。秦汉以后，这种制度只剩下一具躯壳，"选举"变成了"察举"，实际上就是官府内定。"举贤良，不知书；举孝廉，父别居；寒素清白浊如泥，高第良将怯如鸡"，正是当时的老百姓对所谓"察举"的无情嘲讽。隋唐时代，国家为了保证人才的质量和扩大统治的社会基础，创立了科举考试的制度，从而为不同社会阶层的人士提供了相对平等的竞争机会。但这种制度在实行中也有弊病。如何完善科举制度，成为李光地思考的一个重要问题。

李光地认为，科举制度的弊病主要是考试内容空疏而不切实际，使士子们为应付考试而务求浮华，这样就不可能选出杰出的人才。然而，是否要将科举制予以废除呢？李光地亦不赞成，其理由是："恒其道者使不厌，通其变者使不倦，革而当者存乎其人而已，奚必废之哉？"这就是说，科举制是可以通过适当的改革而使其完善的，并没有废除的必要。至于改革的关键，李光地认为是考试的内容。必须使考试内容能够考出人的真才实学，而"勿以文辞之科先之"。历史证明，中国的科举制度在实行中虽然有这样那样的弊病，但仍有其合理因素，西方人正是通过吸取中国科举制度的合理因素而创造出现代文官制度，即国家公务员制度；伟大的革命先行者孙中山先生也借鉴科举制度而创立了选拔政府工作人员的考试制度。通过考试来选拔国家工作人员，是比靠上级部门内定更有优越性的。

但徇私舞弊也是科举制度的一大弊病。传统社会是人治，其人存其政举，其人亡其政息。科场风气如何，主要取决于主持者。李光地想从制度上做一些改革，以弥补人治的不足。康熙三十九年（1700）七月，湖广总督郭琇上疏弹劾学道，揭露科场弊习。康熙帝览疏，特派中书舍人前往直隶，就如何整顿科场一事向李光地提出咨询。李光地接旨后，立即于八月二日撰写了《条议学校科场疏》，为杜绝科场舞弊制定了一整套详密的规章制度。

在这份上疏中，李光地首先肯定了郭琇对科场弊习所作的揭露以及部议的处分条例，认为应迅速将此处分条例颁行各省予以实行。他说："遵查学校弊端，如督抚司道之需索陋规，知府之要挟包揽，以至情面书札乞恩讨赏之类，诚如督臣郭琇所陈，业经九卿议定处分督抚司道知府及该学院道等严例。此时正当天下岁考百弊丛集之际，诚宜作速通行直隶各省，严饬督抚司道知府及学院道等官实心奉行，以除积弊者也。"但是，李光地认为，仅仅有处分条例是不够的，要从根本上铲除科场弊习，还必须采取一系列具体措施，并将这些措施作为制度确立起来，李光地提出的措施主要包括以下方面：

第一，学道官员（考官）必须经过考试。李光地认为，如果学道官员学业荒疏，就不可能录取有真才实学的人。所以，光地建议，在皇帝点用学差之前，用一天的时间进行考试，试以一书一经一论一策，从中选拔最优秀的官员担任学道官。为了防止泄露考题，以免使这些官员有可能预先请人作好文章带入考场，应该由皇帝于考试之日亲临考场命题。当选为学道官员的人在赴任之前，亦应由皇帝当面予以训谕，使其知道自爱。

第二，教官队伍必须加以整顿。李光地认为，如果学道官员手下的教官们都是些阘茸庸陋之辈的话，那么学校风气也就必然颓废败坏。因此，应令各省督抚会同学道官员对教官队伍进行一番清理整顿，令老眼昏花、行动不便者退休，令根本不通文理的滥竽充数者回家，只选确有真才实学的人担任教职，并报吏部批准。

第三，必须整顿士林风气。李光地认为，"自贿买风盛，文武生员多不识字，无行义之人"，这些人之所以要买一个

"生员"（秀才）衿顶，只是为了以此为护身符而在乡间横行霸道；相反，那些寒窗苦读而无钱无势的人则连"生员"也当不上。这样，也就不可避免地导致风俗的败坏。因此，除了要给予收受贿赂的学道官员以严厉处分外，必须严禁文武生员包揽钱粮、唆证词讼，并对其欺侮平民百姓的行为予以严惩。

第四，必须尊崇经术，使生员学有根柢。李光地认为，目前士子大多只能背诵八股时文，作文章抄袭雷同，想以此侥幸取官。因此必须鼓励士子多读中国历古圣经贤传，通晓中国学术源流。同时，科场考试的命题也不应重复雷同，应该加以变通。

第五，奖励被迫收受贿赂而能自行坦白交代的考官。有的考官迫于权势不得不接受贿赂，对此种人，应允许其主动自首交代，并将其升官。这样，钻营奔竞的势利之徒就会感到害怕。

第六，对被录取者应进行复试。清代考试，分"外廉""内廉"，外廉官员负责监考，内廉官员负责阅卷录取。李光地认为，关键是在外廉。他揭露外廉舞弊的情形说："近来乡会二试，不仅有换卷倩作之弊，且有带人到场中代作，而本生空手闲坐、直待交卷者，又有径雇一人顶名进场，而本生身在场外者。此等大弊不能察出，则外廉之官虚负职掌亦已极矣！臣前年提督学政，考校八旗时，亲见贡院墙垣破坏卑矮，巡绰军人及了望守门人役，无一非受贿代为传递之人也。"考场的情况坏到了这种地步，怎么办呢？光地说，那些巡视考场的军人、衙役和看大门的人，唯利是图，没有办法使他们不见钱眼开，关键在于监考的官员们必须打破情面，严格防范和检查，才不至于使这些人肆行无忌；如果监考官员徇情纵容，那么收进去的卷子就会起码有半数都是假的，负责阅卷录取的官员即使再公正，也难免会将那些有钱有势请人代作的家伙录取上来。为了防止外廉官员玩忽职守乃至徇情舞弊，应在录取之后，另外派遣大臣对被录取者进行复试，看其笔迹是否与原来试卷上的相符，文理是否通畅，以此杜绝假伪之弊。

第七，罢斥在阅卷时担任分卷和在阅卷房之间担任联络，以及最后填名写榜的儒士。李光地指出，在乡试和会试中任用的儒士八人，通常都是些惯于作弊的老手，首先在分卷时，将哪些卷子分给哪一房的阅卷官看，他们就可以搞鬼；再就是在各房的阅卷官之间联络时，他们也可以搞鬼，这些家伙简直坏透了。可是，朝廷的大员们还不同意将这些人罢斥，真是岂有此理！因此，李光地建议，应坚决将这些儒士永远革逐，发榜时需要人抄写录取人员名单时，可以行文各衙门，让他们保送抄写榜文的人。总之，不能再让这些儒士坏乱科场了。

此外，李光地还特别指出，北京作为都城，八旗子弟多，大臣官员的子弟多，外地来京钻营奔竞的势利之徒多，所以对于在北京举行的顺天府乡试必须特别注意严格把关，防止八旗贵族子弟和大臣官员子弟及势利之徒夤缘幸进，以免他们堵了贫寒出身而确有真才实学的人的进身之路。

康熙帝见到李光地的疏文，对他考虑得如此周到严密大为赞赏，于是采纳了他的建议，将其付诸实施。其中，担任考官的官员必须经过考试来遴选的制度，一直到晚清时期还在实行。

君臣关系

李光地有一句名言："君臣朋友皆尊贤也。君择臣，臣亦择君。朋友同德、同术、劝善、规过，都是尊贤。"这种以友朋关系来论君臣关系的思想，既是对先秦儒家学说中包含的合理因素的继承，也是晚明以后中国社会出现的一种新观念，反映了人们对于平等的要求。

所谓"君择臣，臣亦择君"，当然不是说大臣可以任意选择自己认为好的皇帝。在传统社会中，谁当皇帝是既成事实，一般是大臣所无法选择的。所谓"臣亦择君"，在李光地那里主要包含两层意义：一是"不苟合于时而守吾道之正"，如李光地解释《易经》时所说，当君主不能用正道直行之人的时候，自己绝不去迎合君主；当君主能用正道直行之人的时候，自己才能为其所用。二是"以下变上"。李光地深知以下变上甚难，但认为并非不可能做到。只要善于进言，坚持不懈，皇上也是可以改变的。

1. "君臣朋友皆尊贤"

李光地认为，君臣关系应该像朋友一样，互相尊重，互相规劝，同心同德地把国家治理好，而不应该等级森严，使大臣充满畏惧，不敢进言。他认为君臣关系如何，关系到国家的盛衰。他说："古者君臣如朋友，情意相洽，进言亦易，畏惮益轻。……金人初起时，君臣席地而坐，饮食必共，上下一心，死生同之，故强盛无比。及入汴，得一南人教他分辨贵贱，体势日益尊崇而势随衰。高祖初得天下，群臣故无礼，叔孙通不过记得许多秦家制度耳。杜工部云：叔孙礼乐萧何律。其实坏事就是此二件。"在这段话中，李光地明确表示反对令大臣畏惮的"秦家制度"。然而，秦家制度已延续两千年，这在当时来说尚且是一种无法改变的现实，李光地也奈何这种制度不得。关键在于如何才能够在这种制度下获得君主对自己的尊重和信任，以发挥自己的才干。臣毕竟是为君所用的，君对臣的态度如何，关系到臣的命运，特别是对于有一定政治抱负的臣来说，君的态度关系到臣的才智能否得到发挥，政治抱负能否得到实现，所以古人有"非才之难，所以自用其才者实难"之叹。对于这一点，李光地心里也十分清楚，但他强调，臣应该努力使君倚重自己，而不是使君"亲"自己，应该努力使君

"敬"自己，而不是使君"爱"自己。前者是靠真本领，后者是靠拍马屁。李光地特别厌恶后者，他说："做官者不思令君重，但思令君亲；不求见敬于君，专求见爱于君，最是恶消息。"

李光地以他自己处理与康熙帝之关系的实践，展示了他所说的"君臣朋友皆尊贤"的思想内涵。他之所以能够赢得康熙帝的尊重和信任，主要在于以下三点：

一是凭真才实学。李光地经常向康熙帝进呈他自己所写的著作，以便让皇帝从中学到"论道经邦、燮理阴阳"的道理。他之所以能够说服康熙帝重视引进西方的天文历算之学，是因为他自己先对西方天文历算之学作过一番认真的研究。每逢过万寿节时，群臣们都争着向康熙帝进献古玩珍品，唯李光地向康熙帝进献善本的文化名著，供康熙帝阅读。李光地在中国文化方面的广博知识，激发了康熙帝对学术文化的广泛兴趣，因而对能够为他析疑解难的李光地也就格外倚重。

二是"议事不委顺随人"。这是康熙帝对李光地的评价。商议攻打台湾之事时，几乎满朝文武都持反对态度，唯李光地审时度势，断言台湾定能攻克。明珠党擅权之时，往往一人倡之，众人和之，李光地却不肯随声附和，并且私下里劝明珠洁身自好，不要被表面上依附于他的一帮小人所利用，成为小人们谋私利的工具。于成龙当权时，大肆卖官，满朝官员唯李光地、彭羹门、杜秀水三人不肯签字画押。康熙帝虽不免对李光地不赞成卖官有意见，但最终还是接受了李光地的建议，停止了卖官。

第三点，也是最重要的一点，就是李光地一心事君，几乎是把君主作为唯一的朋友。

在传统社会中，君主是天下国家的象征。李光地强调为臣者必须一心事君，为天下国家着想。因此，为臣者必须国尔忘家，公尔忘私，不植私党，不谋私利。他解释《周易》的"损"卦时说："一人行而得其友也。若多所牵系而不舍，则其得友也必不专矣。凡人国尔则忘其家，公尔则失其党，苟私家党与之是徇，则何诚信以事君乎？"

他解释《周易》的"睽"卦，亦从中发挥出"人臣无党之义"。他说："虽非正应而助己者，然不合以私，而合以公；不助以交，而助以道，正得人臣无党之义，虽危何咎乎？睽非善也，而处大位者以特立为安，则无咎之道也。"

李光地是这么说的，也是这么做的。当索额图势盛时，李光地从没有到索额图府上拜访过；当明珠权倾朝野时，他反而因为直言规劝明珠而引起了明珠手下一批小人们的痛恨；明珠倒台后，"徐健庵（乾学）势倾满汉，高澹人（士奇）呼吸风雷"，李光地更成了他们的眼中钉；于成龙辅政，更是炙手可热、气焰熏天，满朝大臣争相巴结逢迎，李光地偏不肯俯就，从不登于成龙之门槛者，只有李光地和杜秀水二人。他把"仕宦以孤立为安身"这句话作为自己的座右铭，不怕孤立。由于他不植私党，不谋私利，因而得罪了许多人，但他却因此而逐步赢得了康熙帝的信任。

2．"以颂为规，言婉意至"

在传统社会中，皇帝是天下至尊，向皇帝进言是很难的。韩非作《说难》，把向皇帝进言比作捋龙须、批逆麟，因而他教给人一套免遭杀身之祸的方法，但说来说去，都是教人如何避祸，消极防范，而不是教人如何采取有效的方式规劝皇帝为天下做更多的好事，积极进取。所以，中国历代当臣子的，要么明哲保身，不求有功，但求无过；要么工于揣摩，阿谀逢迎，献媚邀宠；要么就是犯颜直谏，不讲方式，更不论效果如何。历史上似乎还没有一个当皇帝的不爱听好话的。唐太宗比较有听取不同意见的雅量，但以魏征之直言敢谏，也还是险遭杀身之祸。康熙帝的度量不及唐太宗，从他处分陆陇其、杀戴名世之事可见。李光地"以颂为规，言婉意至"，似乎可说是既表达了自己的见解，又能使皇帝接受的唯一有效的方式。

所谓"以颂为规，言婉意至"，在李光地一生的政治实践中，大致包含以下几个方面：

一是对康熙帝做得不够彻底的好事，鼓励他将其做彻底。例如康熙帝采取蠲免钱粮的办法来减轻人民的负担，但这一政策真正贯彻落实却不容易，往往在蠲免之年地方官吏仍然可以借征收上年积欠的钱粮为名义给以额外的加派，从这一政策得益的是地方官，而不是人民。李光地为了革除这一弊端，要康熙帝在蠲免之年将以往积欠的钱粮一概免除，他先颂扬康熙帝"视民为伤"，继而又说让老百姓"实沾"皇上的"鸿仁"，使得康熙帝欣然采纳了他的建议，从而堵住了地方官"缘旧逋以罔新额"的漏洞，将蠲免政策真正落到了实处。

二是对康熙帝所表现出的某种善端大加发挥，扩展其内涵，促使其在处理个别事情上的善良行为向具有普遍意义的既定方针转化。例如：对于重大案件被牵连的人，只有在皇帝开恩的情况下才能得以赦免。康熙五十三年（1714）四月，李光地看到皇帝对刑部判案的错误之处的驳正，就借此机会去见皇帝，他先把康熙帝赞颂了一番，说"顷见上所驳正，虽杖徒不遗"。康熙帝直言不讳地回答说，朕也只是抽阅一二，减少一两件冤案罢了。李光地遂借此发挥讲了一通"使二千年沿袭秦酷一旦尽"的道理。

三是对康熙帝日益滋长的自满情绪，通过向他讲《易》理和颂扬他"不自满"来达到规劝进谏的目的。康熙五十三年八月的一天，康熙帝问及《易经》鼎卦的"鼎覆"之义，李光地回答时，有意将爻辞讲力不能胜任而导致倾覆的原意改为"有自满之心，德必退"。这本是一套附会之辞，但却给康熙帝

120

敲了警钟，使他受到震动，为之猛省。史载康熙帝听了李光地的这一席话后，为之"悚然"。李光地乘此机会又说道："甲寅之乱，臣梦三乌犯日，卒占太平之兆。自削平以来，海宇晏安，然臣窃窥圣意，犹以吏治未清、教养未备为念，欲使家给人康，风行化偃，则太平之象固愈进未艾也。"康熙帝既经李光地讲《周易》"鼎覆"之义受到了震动，又经李光地赞扬他"以吏治未清、教养未备为念"而给他指明了继续努力的方向，更为之顿悟、振作，"瞿然"曰："所为读书者，凡以此耳。"意思是说，李光地读书事君以致用，真是做到家了。

五、科学思想

明末清初的大学者顾炎武在《日知录》中说："三代以上，人人皆知天文。'七月流火'，农夫之辞也；'三星在天'，妇人之语也；'月离于毕'，戍卒之作也；'龙尾伏辰'，儿童之谣也。后世文人学士，有问之而茫然不知者矣。"这说明中国古代的天文学曾经是非常发达的，以至于农夫、戍卒、妇女、儿童都懂得一些天文学的知识。但是，由于后来的统治者轻视科学，文人学士们又只注重研读儒家经典，以至于天文学和与此密切联系的历算之学日益落后，到了明朝的时候，乃至于普通的天文观测和历法的制定都屡屡出现差错，一般文人竟至连天文常识都不懂得了。

以西方传教士东来为契机，明末清初，天文历算之学在中国出现了复兴的局面。西方传教士航海东来，既带来了基督教的教义，也带来了望远镜、宇宙学、哥白尼"太阳中心说"、伽利略的地圆说和地动说、欧几里得几何学以及其他的自然科学学说。明末学者徐光启、李之藻等人就曾以极谦虚、极恳挚的态度来接受西方的科学知识，提出"与国有利，何论远近"

"欲求超胜，必先会通"的见解和主张。积一生的努力，他们在翻译和介绍西方科学知识方面作出了很大的成绩。但人生有限，他们在消化西方科学知识和会通中西自然科学方面还只是开了一个头。到了清康熙年间，中国学界才真正进入了一个尽量消化理解西方天文历算之学并使之与中国古代天文历算之学融会贯通的阶段。

正是在这一阶段中，李光地在倡导会通中西天文历算之学方面，作出了他特有的重要贡献。他虽然不是那个时代首屈一指的天文学家和数学家，但他却通过劝说康熙帝重视西方天文历算之学，通过发现、扶植、支持和表彰那个时代最杰出的天文学家和数学家梅文鼎，通过培养天文学和数学人才，有力地推动了全国的天文历算之学的研究。他在科学思想方面，直接继承了徐光启的学说，成为走在时代前列的先进人物。

在天文历法方面，李光地接受了近代西方科学家哥白尼的日心说、伽利略的地圆说和地动说，确认以这些理论为基础的新历的合理性。他首先将中西天文历法理论作了比较，指出中国古代历法之所以没有新历精密，就在于没有洞悉天体运行的规律，西方天文学对天体运行的规律的揭示有"郭太史（郭守敬）之所未知者"，有"古人之所未讲"者，"定历元之法，自汉前后志始，而历代沿焉。然历代之历，皆数十年而遂差，而能使万年之前千载之后入其轨辙乎？""郭太史……终局于地平之说，故其法不能通于四远。"在李光地看来，西历之所以精密，就在于它是建立在一套比较完整的天体运行理论的基础上的，而以往的中国历法之所以过几十年就要发生误差，就在于缺乏一套科学的理论，"不知消长者之根在最高之行故也"；与此相反，正因为西方历法有这样一些经过"实测"而得出的科学理论为指导，所以才能有精密的历法：

新历（指西历）以地为圆体，南北东西随处转移，故南北则望极有高下，东西则见日有早暮。望极有高下，而节气之寒暑因之矣；见日有早暮，而节气之先后因之矣。推之四海之外，四方上下，可以按度而得其算，揆象而周其变，不独自汉以下为浑天之术者所未到，而实则圣人之意，乃千载而一明也。

在这段论述中，伽利略的地圆说、地动说等西方天文学理论都融会在其中了，昼夜的更替和节气的推移都被看作是地球绕日自转和公转的结果；同时，伽利略等人的天文学说亦被李光地看作是"千载而一明"的"圣人之意"。

在数学方面，李光地十分推崇徐光启与利玛窦合作翻译的欧几里得的《几何原本》，他认为《几何原本》"为万数之宗"："盖由点而成线，线联而成面，面积而成体，自此而物之多寡长短方圆广狭大小厚薄轻重悉无遁形，自此而物之比例参求变化附会悉无遁理。"他将中国古代的勾股算法与《几何原本》中的三角学原理进行了比较，指出中国古代的勾股算法只是从直角三角形的已知两边而求其弦，其数起于边不起于角，而《几何原本》则通过分周天为360度，量角之度以为数之根，且有关于正矢、余矢、正弦、余弦、正切、余切、正割、余割的系统学说。八线相求，互为正余，举一可以反三，穷三可以知一。因此，《几何原本》的"立法加妙用之加广，则非古人之所及也"。所以，李光地强调指出："欲通新法者，必于几何求其原，以三角定其度，较之以八线，算之以三率，则大而测量天地，小而度物计数，无所求而不得。"这一论述，把几何学与天文学和其他科学的关系，说得十分透彻。

李光地还看到，中国数学在形式化的数理体系方面的落后，不仅表现在几何学方面，而且也表现在数学的其他分支学科方面。而根本的不足，就在于缺乏理论分析和严密的逻辑推导，往往"词不达意"或"本意走作"。中国古代数学都是采用文字式、事例式的表达方式，并且都是应用题，具有十分明显的经验性和实用性；而西方数学则有公式、定理、定律，是由严谨的逻辑推理过程所建立起来的形式化的公理体系。中国的文字式算学由于具有词不达意的弊病，所以容易使人产生误会，导致本意走作；而西方式的几何学和代数学，不经过步步推明、循序渐进的训练就不可能理解也不可能掌握，且表达清晰，意义明确。因此，中国古代算法确实是"有待于新法以补其所未备"的。

但肯定西方自然科学的成就和优长之处，不等于妄自菲薄，轻视中国古代的科学成就。为了提倡会通中西天文历算之学，李光地写了一系列表彰梅文鼎的文章。在《梅定九恩遇诗引》一文中，李光地说："梅先生定九历算之学超越前代。昔者僧一行、郭太史之术至矣，然当时西学萌芽而未著，故二子不得兼取其长，为有恨也。近年徐文定公（徐光启）及薛仪甫、王寅旭（王锡阐）诸贤始深其道，然于中土源流反有忽遗，惟先生（梅文鼎）能会其全而折其中，故其学大以精，而其言公以当。"

在这段话中，李光地表达了他对中西学问的态度：一方面，他认为西方的天文历算之学有其长处，是应该取人之长来补己之短的；但另一方面，在努力接受西学的同时，不应忽略和遗忘源远流长的中国古代天文学的成就，而应该将中西天文历算之学加以融会贯通，"会其全而折其中"。他认为梅文鼎在这方面堪称典范，号召学者们效法梅文鼎的学风。

历史事实还表明，李光地已经具有了某些近代科学分类思想，并把这种思想运用到了《朱子全书》的编撰之中。对于《朱子全书》中涉及自然知识的内容，他主张按照天文、历法、地理、气象的分类和次序来进行调整和排列，并且提出了作这样的分类和排列的理由："天度历法似应接天文之后，盖有日月星辰然后有行度、然后有历法也；地理似应继天文天度历法之后，盖有天文即有地理也；雷电风雨雪雹霜露似应在地理之后，盖此数者不可谓之天文，乃地气上交于天、细缊聚散于两间者，则当附天地之后也。"这一分类方法和排列次序是合乎科学的原理的。

李光地排斥中国儒家和道家把技术发明看作是"奇技淫巧"的错误观点。儒家经典《礼记·王制》明确规定："作淫声、异服、奇技、奇器以疑众，杀。"道家亦反对一切技术发明，认为使用机械就"必有机心"。李光地乃一反传统的观点，指出："西洋人不可谓之奇技淫巧，盖皆有用之物，如仪器、佩觿、自鸣钟之类。《易经》自庖牺没，神农作；神农没，尧、舜作，张大其词，却说及作舟车、耒耜、杵臼、弧矢之类，可见工之利用极大。《周官》一本《考工记》，全说车。《中庸》说九经必言来百工。"李光地以《易经》和《周官·考工记》谈到中华文明早期的科学技术发明为理由，反对把技术发明称为"奇技淫巧"，赞扬西洋人的技术发明"皆有用之物"，并明确肯定"工之利用极大"。尽管李光地采用的是一种在传统的范围内打破传统的方式，但通过这种方式却在保守的中国人面前为科学技术正了名，特别是"工之利用极大"一语，更表现出了他非凡的远见卓识，在那个时代还是空谷足音。

在对待中西文化的态度上，李光地可以说是那个时代的一位"中体西用"论者，他一方面努力学习和接受西方的天文历算之学，在这方面提倡会通中西而不遗余力；另一方面，他认为中国的道德最好，对传教士讲的"事天爱人之说""治国天下之术"不屑一提。

当时西方传教士把世界地图传入中国，打破了国人以中国为大地之中央的传统观念。李光地接受了传教士带来的世界地理观念，承认中国并不处于世界中心的事实。但当传教士在他面前嘲笑中国传统的地理观念时，他却作出了别出心裁的回答。史载西士南怀仁深诋九州为中国之误，李光地回答说："所谓中国者，谓其礼乐政教得天地之正理，岂必以形而中乎？譬心之在人中也，不如脐之中也，而卒必以心为人之中，岂以形哉？"南怀仁无言以对。这一回答，既不违背世界自然地理的科学事实，又从"礼乐政教得天地之正理"的人文视角解释了传统的以中国为天下之中心的观念，十分机智。虽然在今天看来这一说法不免有对传统的"礼乐政教"缺乏反省的缺点，但在当时却表现了中国人对于自己的民族文化的自信和自尊。

在李光地看来，西方的自然科学学说虽然超过中国，但西方人却不懂得体天意以施诸人事、修人事以合乎天意的"天人相通之理"。他说，中国古人说"日变修德，月变修刑"，而西人则说日月交食、五星凌犯乃是天体运行的定数，与人事无关。诚然，"日变""月变"是自然现象，但如果像西方人那样，把这一切仅仅归结为自然的原因，就会助长"天变不足畏"之说，使人无所忌惮。因此，我们中国人在这一方面比西方人思想深刻，我们在"日变""月变"的自然原因后面，还要进一步从人事方面探求引起这些现象的"所以然之故"，认为天变是人事的过失所造成的。只有根据这一道理，从皇帝到督抚，再到知府、知县，才能以天变警诫自己，时时注意反躬自省，检讨自己行为的过失。在李光地看来，西方人的"天体运行定数无关灾异说"虽然可信，却不可爱，而中国的"天人相通之理"则是既可信而又可爱。所以他强调西方的科学学说只能为中国所"用"，而不能以之来取代中国传统的"天人感应"观念。这反映了李光地思想的历史局限性。

六、宗教思想

宋明道学，无论是程朱理学还是陆王心学，都是儒佛道三教合流的思想体系。程朱理学和陆王心学，既以儒家道统的继承者自居，同时又吸收和改造了佛教和道教的心性学说，从而使儒学成为富于思辨性的精巧的唯心主义体系。但除了道学宗主周敦颐无法隐瞒其对佛道二教的吸取外，无论是程朱还是陆王，都是在反对佛老的旗号下吸取佛道二家的学说的。李光地与他们不同，他虽然也出入佛老，但公开辨析佛道两家与儒家学说的异同，公开地肯定和接受佛教和道教的某些思想因素，以之来弥补儒家学说的不足。

中国自魏晋以来，有所谓儒佛道"三教同源"而"工夫不同"的说法，李光地一反传统的观点，认为三教"源头不同而工夫却同"。

他认为，"源头不同"表现在"明性"问题上。在这一问题上，儒家与佛教的分歧表现在两个方面：一是佛教崇尚虚无而儒家崇尚实有，佛教教人心死，儒家教人心活。佛家把"性"比作镜子，儒家把"性"比作种子，这两种不同的比喻是有实质性区别的："鉴虚而种实也，虚故万象应现而本无，实故一真性具而立有。"崇尚虚无，也就对人世间的一切不感兴趣，"冷冰冰全无生意"。二是佛家以寻求自我解脱的"觉悟"来谈性，儒家则以自然界的"生生不息"来谈性。尽管佛祖许下普度众生的大愿，但由于其崇虚而卑有，空谈"觉悟"，以"仁"为空，可见其标榜的所谓"苦海慈航"不过是未必发自本心的空话而已；与此相反，儒家则努力将"仁"付诸实行，其智慧是为实现天下归仁的社会理想服务的。

至于道教，也是在"明性"问题上与儒家存在根本分歧：

儒家论性，以仁为"头"；道教论性，以仁为"尾"。儒家讲性善，以仁、义、礼、智为性，这善性是与生俱来的，仁、义、礼、智之心，亦即"赤子之心"，所以说是"将仁放在头上"；道教则认为，"复还婴儿之赤"是在修炼的最后阶段，所以说是"将仁放在尾上"。

但是，在李光地看来，尽管三教源头不同，却无碍于其"工夫却同"。

儒教要人"主敬存养""从收放心做起"；"和尚家参禅，亦是要心归一。""其云发大愿力，即吾儒之立志；其云悟，即吾儒之致知；其云修，即吾儒之力行。"李光地把宋明理学与佛教的关系几乎是和盘托出了。

道教将其修炼的过程分为黑、白、黄、红四个阶段：所谓"黑"，就是收视反听不说话，将耳、目、口三空闭塞了，直使形如槁木，心如死灰。"久之，黑中生出明来，便是白，所谓虚屋生白。到得魂守魄，魄拘魂，魂不游而魄不昧，便是黄。后来一团纯阳真火，阴邪之气都烧化了，所谓童颜是也，这便是红。红则丹成矣。"李光地认为，儒家的修养功夫与道家的上述四阶段在形式上是相似的："以《中庸》言之，戒慎，黑也；慎独，白也；致中和，黄也；至天地位、万物育，红也。"

李光地既认为佛教和道教与儒家学说有相通之处，所以他公开吸取佛教的修行方式来弥补儒家之不足，公开地吸收道教的思想资料来发挥儒家的心性学说。

例如李光地说，儒家的道德修养论没有教人如何对待谗言，因而正直的士大夫总是"忧谗畏讥"，而佛家却教给人在一切攻讦面前不受干扰的办法。释迦牟尼说，散布流言攻讦他人的人，其行为无异于迎风扬尘，只能将尘土洒到自己身上，亦无异于朝天上扔棍子，弄不好会砸到自己头上；而被攻讦的人只要内心光明，也就只当没有听见一样，该干什么还干什么，别的什么都不必管它，否则，就会耽误正事。这种对付攻讦的办法看似消极，其实是积极的，不能简单地看作是教人逆来顺受。

朱熹化名"邹䜣"注道教经典《参同契》，不敢公开表彰道教。李光地则公然表示："《参同契》道理，就是吾儒亦用得着一半。"所谓"用得着"的一半是指道家"慎言语、节饮食、惩忿欲"的修养功夫，至于那"用不着"的另一半则是指"白日飞升""羽化登仙"之类的宗教信仰。他借《参同契》来发挥儒家的心性修养论，说正如道士用丹砂铅汞来炼所谓"仙丹"一样，人可以通过心性修养的修炼来显现自身所固有的善性而成为圣贤，还说自己就是"因《参同契》悟得《易经》道理"的。

当然，作为儒家学说的信奉者，李光地最推崇的还是儒教。他认为儒家思想广大精微，其中蕴藏了佛教和道教思想的精华，同时又弥补了佛道二家思想的不足，这就是所谓的"儒包佛道而超越佛道"说。他说儒家对宇宙人生问题的探索，既蕴涵了佛教思想的精妙之处，又超越了佛教思想寻求解脱之道的局限性，具有佛教思想所无可比拟的优越性。又说儒家的以屈求伸、以蛰求存的说法，就已包含了道教的虚静学说在内。然而道教的虚静，终归是教人消极避世，而儒家则主张积极的用世，"精义入神以致用，利用厚生以崇德"，即使暂时韬晦隐伏，也是为了保存自己以求得今后的发展，以便更好地用世。如此看来，儒家思想亦包含了道教思想而又超越了它的局限性。作为负有管理意识形态责任的文渊阁大学士，他极善于将偏离官方意识形态的思想向有利的方向引导，这可以说是一种非常高明的统治术；而作为思想家，又表现了他具有兼收并蓄、容忍不同学说的胸怀。

第 3 章

李光地的历史地位

　　评价历史人物，必须把他放在他所处的特定的时代、特定的历史范围内进行考察。明清之际（明隆万至清乾嘉时期，即公元 16 世纪中至 19 世纪初），在我国社会发展史和思想发展史上，是一个特殊的历史阶段。在这一历史阶段中，中国的社会生活既显示出某些"新的突破了旧的"的特色，然而又背着过于沉重的历史包袱而呈现出"死的拖住了活的"的历史格局。如果把"明清之际"的历史分为三段：从隆（庆）万（历）至崇祯十七年（1644）清军入关为一段，清朝顺治、康熙年间（17 世纪中叶到 18 世纪初）为一段，乾嘉时期为一段，那么，李光地生活和活动的时代恰好处于"明清之际"的中间一段。将李光地的事业和思想放在整个"明清之际"的大背景中来加以考察，有助于正确地评价其历史地位。

一、在中国政治史上的地位

　　李光地生活和活动的康熙时代，正介于清王朝初定鼎的顺治与后来的"乾嘉盛世"之间。如果没有康熙时代所造就的国家统一、经济恢复、文化繁荣的局面，也就没有后来的"乾嘉盛世"。在这一承先启后的时代，是一个需要政治上的杰出人物并且造就了政治上杰出人物的时代。康熙帝与李光地，都是这个时代所造就的杰出人物。作为一位杰出的政治家，李光地所从事的历史活动是适合时代的需要的，也是合乎当时社会发展的客观要求的。

第一，经济的恢复和发展需要社会的安定。李光地从"以强藩世及为忧"，到劝说福建总督范承谟移师延平以防耿精忠叛乱；从蜡丸上疏献平定闽乱之策，到解泉州之围、收复厦门，终于扫平了各种地方割据势力，结束了福建自清初以来持续三十多年的动乱局面。

第二，经济的恢复和发展需要国家的统一。李光地审时度势，力排众议，几经曲折，终于说服康熙帝以武力扫除企图长期占据海外的郑克塽政权，并且不顾身家性命危险，保荐水军统帅施琅独任征剿，又亲赴福建前线，协调政、军、民关系，审定作战方案，使孤悬海外数十年的台湾重新回归祖国，促进了海峡两岸的社会安定和经济繁荣。

第三，经济的恢复和发展需要革除清入关时所造成的"圈地"弊政，使汉族人民按照其原有的生产方式和生活方式恢复和发展生产，维持其正常的生活。康熙八年停止"圈地"的一纸诏令并没有革除圈地弊政，直到李光地任直隶巡抚期间，经过不懈努力、据理力争，才将被清八旗圈占的东西马厂约十万垧土地归还给河北人民耕种，促进了中原地区农业生产的恢复和发展。

第四，经济的恢复和发展要求政府切实承担起治理水患的大型工程的职能。李光地任兵部侍郎期间，就曾奉命视察黄河，对治河提出过有益的见解；任直隶巡抚期间，更直接负责治理河北境内的两条"小黄河"（永定河和子牙河水系）的工程，他亲自动员民众、组织民众，夜傍河岸住宿，昼巡河工工地，终于完成了治理这两条河流的巨大工程。他一反历代治水以修筑堤坝为主的做法，采取以疏导浚深河道为主的方针，取得了成功的经验。这一经验被推广于黄河和淮河的治理。

第五，经济的恢复和发展要求切实减轻人民负担，保障人民生活。李光地劝说康熙帝颁行"蠲免之岁聚停旧逋之征"的法令，制定"轮蠲法"，给终岁辛劳的民众带来了一定的实惠；他让朝廷定下"常平仓谘部辄发事例"，使灾区的民众能够得到及时的赈济；他采取"发富民之粟"的办法来平抑粮价，赈济民众，不怕触动地主豪绅的利益；他还致力于完善农村基层的社会自治和社会保障功能，制定了"社仓法"，对于保障人民的生活起到了重要作用。

第六，经济的恢复和发展要求放宽海禁，允许沿海人民开展正常的贸易活动。李光地坚决制止了沿海官员以防止海盗为名而要求实行海禁的主张，使东南沿海人民的生计得以复苏，对外贸易在康熙时代亦有所发展。他意识到从"以农为本"的农业经济到"金币之重"的商品货币经济是"势之必然"，反对官府与民争利，他的这一主张对康熙时代商品经济的恢复和发展起到了积极的作用。

第七，经济的恢复和发展要求制止腐败、澄清吏治。李光地说服康熙帝停止了他长期不肯改变的卖官弊政，劾治了侵吞河工钱粮的省部级河道官员和严重侵害国家盐政的云南布政使张霖，在一定程度上整肃了官场风纪；他反映江南人民的呼声，保护了张伯行、陈鹏年等清官，在一定程度上扭转了蓄意陷害清官、正不压邪的局面，对制止政治腐败起到了积极作用。

第八，经济的恢复和发展要求减轻专制政权对人民的压迫。李光地劝康熙帝"尽二千年沿袭之秦酷"；他反对株连无辜，制止了"十家连坐之法"的颁行；他通过营救"戴名世

132

《南山集》案"中的方苞，促使康熙帝赦免了行将被处斩和流放的一千余人；他说服康熙帝赦免了福建饥民暴动领袖陈五显等人的家属共一千三百余人的流配之罪；他还平反了湖南瑶民田舜年的所谓"僭越罪"的冤狱，改善了汉族与少数民族的关系。这些做法，都有助于缓和国内的阶级矛盾和民族矛盾，有利于为经济建设创造良好的政治环境。

第九，社会经济的恢复和发展要求为国家培养和荐拔一大批有真才实学的人才。李光地一生中为培养和荐拔人才不遗余力。他主张改革科举制度，反对专以八股文取士；他为整顿士林风气、制止科场作弊制定了详细的规章，对选拔有真才实学的人起到了积极的作用。他还专门延请大科学家梅文鼎给弟子讲授中西天文历算之学，培养了一批精通天文历算的科学人才。正如《清儒学案》所指出的："本朝诸名公，称善育才者，必以光地为首。"他向朝廷所推荐的人才，有著名的理学家陆陇其，有大科学家梅文鼎，有大文学家方苞，有杰出的军事将领如率军收复台湾的施琅和在收复西藏的战争中立下战功的马见伯等等，还有许多在康雍乾三世的政治舞台上发挥了重要作用的杰出的政治人才。

第十，社会经济的恢复和发展要求加强思想文化建设。李光地劝康熙帝将"道统"与"治统"合而为一，注重中国传统的经学和性理之学，大兴文教；他受命编撰了《朱子全书》《性理精义》《周易折中》等著作，将理学确立为官方意识形态，为清政府奠定了思想统治的重心，促进了满族的汉化和中国传统文化的延续，并且对当时的政治产生了积极的影响。

李光地的上述历史活动，对于康熙时代经济的恢复和发展、社会的安定、国家的统一、文化的繁荣，作出了重要贡献，并为后来雍正、乾隆、嘉庆三世经济和文化的发展奠定了基础。雍正帝赞誉李光地为"昌时柱石"，并非过誉之词。当然，李光地也有他的历史局限性，他将孔孟之道和程朱理学确立为官方意识形态，这在中国社会新的生产方式还处于萌芽状态的时代，尚不失其历史的合理性，但他没有也不可能看到孔孟之道和程朱理学对未来中国社会进步的消极作用。他晚年也有一些保守的做法，如鉴于明末矿工暴动的教训而制止云南开矿，这显然又是不合乎社会经济发展要求的了。

李光地与康熙帝的"君臣际合"，是中国传统社会发展到鼎盛时期的文化象征，是儒家政治理想的最高体现。中国传统政治有一个最明显也是最直观的特点，就是皇帝与几位大臣共同治理国家。皇帝与几位大臣合作得好，即谓之"君臣际合"。皇帝独断专行，即被称为"独夫"，借用孟夫子的话来说，就是："闻诛一夫纣也，未闻弑君也。"所以按照儒家的理想政治，统治者是一个集团，而不是个人。历史上政治比较开明、文治武功卓著的时代，通常是"君臣际合"的时代。即使以"英雄史观"看问题，任何一个时代的文治武功，都不是明君圣主一个人的功劳，而是与大臣们的辅佐分不开的。难怪中国历代官修的正史，不仅为皇帝作传，而且要为许多的臣僚们树碑立传了。

然而不知从什么时候起，清初康熙时代的文治武功成了康熙帝玄烨一个人的功劳，他周围的大臣们或者被斥为"假道学""真小人"，或者只是一些善于揣摩康熙帝意图而毫无经邦济世的主见的人物，大臣们对康熙帝来说似乎是无足轻重的，大家都只是恭顺地服从康熙帝一个人的英明领导，匍匐在他的"乾纲独揽"的权威之下。诚然，一般说来，中国传统社会中皇权是至上的，明清时代的皇权更是"绝对君权"，但所谓的"绝对君权"不过是指皇权的独占性和君主对国家大事的最高裁断权，并没有因此改变传统政治"君臣际合"的特征和属性。把清初康熙年间的文治武功归结为康熙帝一个人的功劳，不仅是对君权的至上性和绝对性的误解和夸大，而且也不合乎历史的实际。

康熙时代在经济、政治和文化方面的成就，除了玄烨个人的原因——在玄烨身上具有时代所要求的作为一个贤明君主所必备的优点之外，更重要的和颇为直接的原因，是因为有一些具有治国安邦的杰出才能的读书人充当了这位开明君主的股肱心膂。而辅佐康熙帝达数十年之久的李光地，正是对这个时代的经济、政治和文化的繁荣作出了最重要贡献的人物之一。时代造就了康熙帝玄烨，也造就了作为"昌时柱石"的李光地。"知朕者莫如李光地，知李光地者莫如朕"——他们作为高层统治集团中的重要成员，是发展到17世纪至18世纪的中国传统社会所可能造就的明君贤臣的典型；李光地与康熙帝的关系，也堪称是那个时代"君臣际合"的典范——他们是那个时代中国政治上空相互辉映的明亮双星座。在清王朝从它的"盛世"的顶峰跌落下来的清代中叶以后，中国社会发展日益呈现出"旧的拖住新的、死的拖住活的"的特征，儒家的社会理想已日益表现出不适应社会发展的要求。于是，我们就再也难找到像康熙帝和李光地这样的君臣际合的典范了。

二、在中国思想史上的地位

中国早期启蒙思想作为一种时代思潮，不仅流行于在野的知识分子和早期市民阶层之中，而且也反映在朝廷的政治斗争和理论斗争之中。明末在朝的东林党人作为早期市民阶层的政治代言人，反对朝廷对工商业者的掠夺，就或多或少地反映出早期启蒙思潮与正统意识形态的冲突。

同样，康熙时代朝廷的理论论争也很激烈，有人讥笑理学空疏无用，有人公然鼓吹李贽的怀疑论思想。李光地曾亲口向人们讲述过两则朝廷中的理论争论的故事。一是汤斌公然在朝堂上嘲讽朱熹，引得众人哄堂大笑：

> 汤潜庵亦向姚江（王阳明），张成武烈全主紫阳（朱熹），张每于朝堂与汤辩，汤不甚与人争，但冷笑不然而已。一日，张在朝班向汤殷勤云："何许时不见？"汤曰："顷数日闭门格物。"（朝臣）哄然作笑。汤党大喜，以为妙语，至今笔之于书。其意盖谓朱子说格过物才好修齐治平，必须闭门格物了才可开门应事也。

二是陈介眉公然在朝堂上鼓吹"名教罪人"李贽的"是非无定论"：

> 浙东人大概主自立说。……陈介眉在朝堂与张京江辩论，云："孔子后，孟子又自说出一段话，何尝与孔子一般？若前人说过了，何须后人重说，前人说的是了，后人便不须异同，则孔子而后可以闭口，便书可不读矣！是非有何一定，凭人说就是了。"

当时信王学的人，尤其是王学左派，都主张"学者当自树旗帜"，不可跟在孔孟程朱后面人云亦云。因此，即使在清初的程朱陆王的门户之争的后面，也潜藏着早期启蒙思想与正统意识形态冲突的因素。

李光地是在左派王学风行福建的文化氛围中成长起来的，年轻时虽也在其父、"笃嗜正学"的李兆庆的督促下读了一些程朱的书，但王学对他的影响实在不可低估。康熙帝曾说汤斌、李光地、许三礼俱言王学，唯熊赐履尊朱熹。虽然李光地也标榜"尊朱"，但康熙帝仍不放心，直到让李光地编《朱子全书》的时候，还要将熊赐履的名挂在李光地的名字之前，要李光地向远在江南的熊赐履征求意见，让熊赐履给李光地把关。对此，李光地亦感到"真是令人气闷"！可见，即使在康熙帝的眼中，李光地的思想也是不完全符合统治集团利益的，如果照李光地的思想办，不可能达到禁锢人民思想的目的。

康熙帝并没有看错。然而也正是由于这一点，李光地没有被日趋没落的统治者请到孔庙去吃两庑的冷猪肉。他的思想，作为"言志之作"中所表达的思想，是基本上合乎当时中国社会发展要求"新的突破旧的"的时代潮流的。

首先，从思想性格和学术路线来看，王船山以"六经责我开生面"为己任，方以智以"坐集千古之智，折中其间"自许，李光地亦不乏兼收并蓄，别开生面的气概。他反对盲从迷信圣人经典，指出"读书最怕是无疑"，反对拘泥于圣人经典的个别原理和个别结论；他虽然不赞成李贽的"是非无定"论，但他认为可以而且能够对经典作出别出新意的发挥，"二程有不据孔孟处，朱熹有不据二程处""一番讲求一番新""进一步可又进一层"。他对于传统所采取的革新方式，不是李贽式的"定主翻案"的反传统的方式，而是一种试图"在传统的范围内打破传统"的方式。他与同时代的大师一样，出入于儒、佛、道三教经典和诸子学说，但他并不囿于一家之言，而是兼收并蓄，广收博采，权衡论定，并且赋予其反映中国社会发展新动向的时代特征。通过总结明王朝灭亡的经验教训，批判空疏无用的迂腐学风，提倡经世致用的实学，以"实心""实理""实行"作为平生论学的宗旨，开辟了一代重实际、重实证、重实践的新学风。

其次，从政治思想来看，李光地的政治思想，虽然基本上属于中国传统的"民本主义"政治思想的范畴，但其中亦已孕育包含了某些越出传统藩篱的早期民主主义意识。他虽然没有像同时代的黄宗羲那样大声疾呼"为天下之大害者，君而已矣"，也没有像唐甄那样痛骂"自秦以来凡为帝王皆贼也"，但却常常寓激进于平和之中。在这方面，李光地很像王船山。王船山主张"循天下之公""不以天下私一人",李光地亦大讲"圣人公天下之心",反对"以一人横行于天下",并且极力肯定人民起来推翻暴君统治的合理性。他劝康熙帝"尽二千年沿袭之秦酷",也反映了他对专制暴政所持的批判态度。他极力推崇上古三代的原始民主制遗风,发挥伊尹所谓"匹夫匹妇不获自尽民主,罔与成厥(其)功"的观点,强调统治者遇事要"征诸庶民",要广泛听取各方面的意见,使"众议必要周尽";强调统治者不应自奉为真理的化身,而应以虚怀若谷的胸襟听取不同的意见,甚至是反对的意见。在李光地看来,"合众人之公便是一圣人",所谓圣人,无非是能够广泛地听取和集中群众意见的人。此外,李光地对于国家的用人制度、行政制度、兵役制度等等都提出了许多改革的主张,如认为"大官宜少、责任宜专",以改变官场上互相推诿的作风;主张在维护国家统一的前提下扩大地方自治的权力,以利于各地经济和文化的发展;又主张建立民兵和军队屯田,以减轻国家和人民的负担;主张高薪养廉,以消除官员借口低薪而大肆私派和贪污的弊端等等。所有这些主张,至今看来,也还具有某些合理因素。

再次,从理学思想方面来看。李光地虽然标榜尊奉朱熹,但在实际上,他却构造了一个融合程朱陆王的体系,来总结宋明道学。他将数百年来争论不休的"理本论"与"心本论""尊德性"与"道问学""工夫"与"本体""知先行后"与"行先知后"等等,都统一到他的"以性为本"的理学体系之中,从而使他的体系成为一个集数百年道学思想之大成的理论体系。透过他的抽象而晦涩的哲理,我们可以发现,他的体系无论在总体上还是在某些具体细节上,都具有突破传统和革新传统的积极意义:

第一,李光地理学体系的最高范畴既不是程朱所讲的

"理"，也不是陆王所讲的"心"，而是一个"性"字。他认为，性高于理，天地之性即人之性。这实际上是抬高了人性的地位而贬低了"天理"的地位。不管李光地主观上是怎样想的，这一做法在客观上对于中国传统社会又是潜伏着危险性和破坏性的。如果人性是"无所加于其上"的"主宰纲维"，是"根柢标准"，那么，它就势必成为衡量"理"是否合乎人性的准绳，成为衡量传统社会的政治法律、伦理道德、风俗习惯的准绳：凡是合乎人性的，就是值得保留的；凡是不合乎人性的，则都在扫除荡涤之列。这样一种思想方式就极可能为激进的思想家、改革家所接纳、所运用，作为反对旧制度的思想武器。李光地本人未必完全想到了这一点，但在他以后的激进的反传统的思想家戴震就恰好是运用了这一思想方式，来批评程朱的"理"不合乎人性，是"以理杀人"等等。换一个角度来看，李光地把人性抬高到"主宰纲维""根柢标准"的地位，实际上又是中国传统社会的意识形态向近代思想转型的表现，是新思想在传统的思想体系内部孕育并开始突破传统的一个征兆：近代西方的思想启蒙，就是以抬高"人性"作为突破口的。李光地的思想体系虽然远不能和近代思想体系相提并论，但其中毕竟有新的思想方式的萌芽，反映了中国社会变动和思想变动的新动向。

第二，李光地主张"公天下之欲"，这对宋明道学又是一个大的突破。宋明道学千言万语、千条万绪，归根结底就是"存天理，灭人欲"六个字。对这一观点的批判，成为早期启蒙思潮的显著特征之一。针对二程、朱熹鼓吹的存理灭欲的观点，王船山提出了"人欲之大公即天理之大同""人欲之各得即天理之至正"的著名命题。同样，李光地也从批判"阳善阴恶""道心善人心恶"的理学命题入手，将批判的矛头指向程朱理学的天理人欲之辩，提出了"人欲非恶"和"公天下之欲"的命题。与王船山相似，李光地既反对由批判禁欲主义而走向纵欲主义的晚明颓风，也反对统治者自己奉行纵欲主义而要求人民实行禁欲主义的虚伪说教。所谓"人欲非恶"，所谓"公天下之欲"，就是肯定了人的正常生活欲求和追求功利的合理性，也针砭了由禁欲主义而走向纵欲主义的社会病态，将理欲关系的解决途径诉诸人的平等。这一近乎理想主义的解决方案虽然在当时的历史条件下不可能实现，但却展示了哲人的宽广胸襟和宏伟抱负，具有重大的历史进步意义。

在易学思想方面，李光地继承和发展了中国古代朴素辩证法思想的传统，着重阐发《易经》的"相生""相对"意义，对矛盾的对立、依存、渗透、转化的规律进行了具体的阐发；并且对矛盾的同一性和斗争性、主要矛盾和次要矛盾在事物发展中的作用等问题，作了富有新意的探索；他甚至还接触到我们今天所讲的否定之否定规律的某些边际，特别是他对继承与变革的关系的论述、"种子——植株——种子"的譬喻，表明了17世纪的中国哲人在辩证思维方面已达到了相当高的理论水平。不仅如此，李光地还从《易经》中发挥出一套"论道经邦"的辩证法和指导人生道德践履的辩证法，其对于不断清除腐败的必要性的论述、对于"改革"的论述、对于人生如"习险"的论述等等，都表现出了对于国家、对于社会、对于人生的深沉的忧患意识，充满了辩证智慧的光辉。他所阐发的许多人生哲理，至今读来仍使人感到十分亲切，十分富于启迪作用。

特别值得着重指出的是，李光地还是一位主张引进西方科学技术的先觉者和先行者。在李光地关于西方文化的论述中，反对把西方科学技术看作是"奇技淫巧"的传统偏见，强调"工之利用极大"，主张"来百工"，最具有历史的进步意义。倘若清朝政府能把引进西方科学技术作为一项基本国策而坚持下来，必将在客观上有力地促进中国社会走出传统社会、走向现代化的历史进程。遗憾的是，清朝政府并没有这样做，对西方科学技术的引进工作，在雍正、乾隆年间就已陷于停顿。1791 年，即在李光地去世七十年后，英国派遣了一个包括许多科学技术专家在内的庞大的外交使团来到北京，给中国带来了当时世界上最大的科技博览会，企图通过向中国展示英国正在进行的工业革命的成就而与中国建立正式的外交关系，可是昏聩颟顸的清朝皇帝和官僚们却对这些科技成就不屑一顾，说这些东西给小孩子们玩玩还差不多，并且蛮横地拒绝了英国政府的建交要求。由此，我们在相当长的时期内被人家看作野蛮民族，被飞速发展的世界抛在后面越来越远，直到 19 世纪中叶以后，我们才开始惊醒，才重新引进西方的科学技术。历史和国家的命运有时也决定于个别杰出人物的思想和行动，倘若 18 世纪末的中国皇帝尚有康熙帝的开明，内阁大臣还有李光地的远见卓识，中国是不至于落后于世界的。

三、长期受到非议和冷遇的原因

作为一位杰出的历史人物，李光地无论生前还是身后，都遭到不少非议，自晚清"排满革命"以来，更长期受到冷遇。对李光地作了最严厉的攻击的是全祖望，其余后人之攻击李光地者，其实都不过是人云亦云而已。

全祖望（1705~1755），字绍衣，号谢山，学者称谢山先生，浙江鄞县（今鄞州区）人。浙东学派杰出历史学家，著有《鲒埼亭集》三十八卷、《鲒埼亭集外编》五十卷、《经史答问》十卷、续修《宋元学案》一百卷、《鲒埼亭诗集》十卷等。

全祖望生活的浙东文化氛围，似乎与其他地方不大一样。在清军入主的过程中，浙东地区的反抗延续时间最久。直到雍正七年（1729），清军已经入关八十五年了，浙东人还在策划反清，所以雍正帝对浙江人士深恶痛绝，怒斥其"风俗浇漓，人怀不逞"。全祖望的祖母张氏是明末抗清志士张煌言的女儿，张煌言曾于顺治十六年（1659）与郑成功联师北伐直抵南京。全祖望十六七岁时，张氏就给他讲了很多明末抗清志士的事迹，由此激发起他的民族感情。他从小就仰慕黄宗羲、万斯同等人的学识，立志写一部晚明史，特别是要写浙东抗清斗争的历史。为此，他搜集了大量的史料，并以他那洋溢着激情的大气磅礴的文字写下了许多表彰明季忠义之士的文章。

全祖望于乾隆元年（1736）考中进士，被选为翰林院庶吉士。但在这年的博学鸿词科，他和浙江的另两位最有才华的学者钱塘厉鹗、山阴胡天游同时被取消了应试资格，这显然又是清政府对浙江学者心怀猜忌的一次暴露。此时又有人告他，说他的诗句"不忘有明，有煽惑人民不忘故主之意"，幸赖李绂相救而免遭文字狱惨祸。在翰林院庶常馆散馆时的朝考中，他又被置为最劣等。清廷的这种猜忌和歧视，更激发了他的民族情绪，从此回到故乡，以一生中的大部分精力来写明清易代之交民族保卫战争的历史。

了解了全祖望，对于他为什么要极力攻击李光地，也就很清楚了。正是由于李光地的一再坚持和策划，才使得明朝延平王统治下的最后一片土地被清军所占领，也使得反清复明的希望彻底破灭。这一最重要的原因，全祖望当然不好明白说出，只能借诋毁李光地的人格来发泄他心中的愤怒。而这一原因则被他的浙江同乡、晚清著名的主张"排满革命"的领袖人物章太炎明白说出了，在章太炎的笔下，李光地极力劝说康熙帝攻克台湾成了"思不义以覆宗国"的大罪。这种观念在那个时代有合理性，但我们今天就不应再有这种观念了。

全祖望的那篇全面诋毁李光地的文章，题为《答诸生问榕

142

村学术帖子》。在这篇文章中，他说：

> 榕村大节为当时所共指，万无可逃者。其初年则卖友，中年则夺情，暮年竟居然以外妇之子来归，足称"三案"。

> 虽然，此犹以其躬行言之，即以其经术论，惟律吕历算音韵颇称有得，其余亦不足道。……晚而取欧罗巴之技术自夸绝学，以为是月窟天根之秘也。石斋恐不免嘻其笑矣。近日耳食之徒震于其门墙之盛，争依附其学统，殊为可悲，愚故不禁其哓哓焉。

全祖望这篇文章，名为论"榕村学术"，但绝大部分内容都是对李光地的人身攻击，其核心是所谓的"三案"，即"初年卖友，中年夺情，暮年竟以外妇之子来归"。他嘲讽李光地学习西方的自然科学，当然不足以影响后人对李光地的评说。对李光地的形象造成最大负面影响的，就是他所说的"三案"。

在所谓的"三案"中，"暮年竟以外妇之子来归"，不值得今天的历史学家为之煞费苦心地去考证探求。退一万步来说，纵然李光地真有所谓的"外妇"，在传统社会中也是不足为怪的。以"砥砺气节，讲究品行"著称，并且极为后人所崇敬的晚明东林领袖顾宪成就有"外妇"，也从没有听说过政学两界的人借此来攻击他。正如不能以私生活来论定历史上的很多杰出人物一样，也不能以私生活来论定李光地。至于所谓的"初年卖友""中年夺情"，与当时的重大历史事件和李光地的宦海浮沉密切相关，乃是值得着重加以澄清的。

"初年卖友"案

所谓"初年卖友"，是一件最糟蹋李光地人格，并掩盖了事实真相的历史悬案。近世颇负盛名的历史学家钱穆、孟森、谢国桢都沿袭了全祖望的说法，说到底都是由于对历史资料缺乏严格的辨析考证造成的。

"初年卖友"案中的"友"，是指陈梦雷，此案就是由他杜撰出来的，虽然后来的一些清朝人在著作中谈到这件事时往往又根据传闻和臆想而作了一些添油加醋的描述，但关于这件事的最基本的材料还是以"受害者"自居的陈梦雷所写的几篇文章，即《告都城隍文》《与厚庵绝交书》和康熙四十四年陈梦雷的上疏等。

陈梦雷（1650~1741），字则震，号省斋，晚号松鹤老人，福建侯官（今福州市）人。少有才名，康熙九年（1670）与李光地同时中进士，同选为庶吉士，亦同时被授予翰林院编修职务。康熙十二年，李、陈二人又同时告假回乡省亲。次年三月，靖南王耿精忠据福州反叛朝廷，陈梦雷遭胁迫而入耿精忠幕府任职。康熙十五年清军入闽，耿精忠投降，依旧当他的靖南王。康熙十九年，耿精忠被人告发"降后尚蓄异谋"，于是有"耿精忠逆案"，新账老账一起算，当初被胁迫当了伪职的陈梦雷亦牵扯逆案之中。康熙二十一年，耿精忠和一些重要案犯均被处死。陈梦雷被判斩首，因李光地上疏营救，减刑戍奉天，在沈阳从事教书和编修地方志的工作。康熙三十七年，康熙帝东巡沈阳，陈梦雷献赋歌功颂德，得召回北京。第二年被派去胤祉（康熙第三子）处侍读。康熙四十年受命编撰《古今图书集成》，历时五年成书。康熙帝病逝后，胤禛（雍正）继位，胤祉获罪被禁，卷入这场继位之争的陈梦雷亦以"结交内侍"的罪名被谪戍黑龙江。乾隆六年（1741），卒于戍所。

陈梦雷在被牵扯入"耿精忠逆案"以后，编造了李光地卖友说，来洗刷自己的罪名，以赢得世人的同情。他以文学家的手笔写了《告都城隍文》和《与厚庵绝交书》，后来又写了一份据说是"被抑未上"的给康熙帝的上疏。此外，还有一篇《与富云麓书》，说李光地如何陷害他。康熙四十四年，陈梦雷又写了一篇正式的控告李光地的上疏。但在这些文章中，有很多明显的自相矛盾之处，最关键的一点，就是他所说的《蜡丸疏》的内容与实际内容根本不是一回事。

照陈梦雷的说法，《蜡丸疏》早在李光地离开福州时就已由他和李光地共同拟定，是李光地上《蜡丸疏》时削去了陈梦雷的名字。这不合乎史实。据王伯兰先生考证，查《蜡丸疏》中有"漳州守臣黄芳度婴城固守，以待大师，此不可以不急救"之语，史载黄芳度守漳州，于康熙十四年五月被郑经围困苦战，至十月城陷。据此，《蜡丸疏》的写作时间不会早于康熙十四年五月，而应确定在康熙十四年五月至十月之间。由此可见，李光地离开福州时并没有与陈梦雷共同密拟《蜡丸疏》，到康熙十四年五月以后，光地离开福州已经一年多了，也就更不可能与陈梦雷共同密拟《蜡丸疏》了。

据陈梦雷说，他和李光地共同密拟的《蜡丸疏》的内容是：让朝廷大军先攻克杉关，再由杉关向福州进军。这又与《蜡丸疏》的实际内容风马牛不相及。李光地在《蜡丸疏》中说得很清楚，闽北的杉关和仙霞关都有耿精忠的重兵把守，朝廷大军只有走汀州（今福建长汀）的小路，而且要先装作进军广东的样子，先打到江西南部的赣州，然后突然挥师向东，进入汀州，再沿着横贯福建中部的路线向福州进军，"此所谓避实击虚，迅雷不及掩耳也"。李光地设计的作战方略与陈梦雷所说的完全不相同，怎么可以说《蜡丸疏》是他与李光地共同研拟的呢？又怎么谈得上李光地上《蜡丸疏》时削去了他的名字呢？

陈梦雷在耿精忠叛乱期间身在福州，据他自己所说，他能离间耿精忠父子关系，身边又纠集了一批不怕死的人，甚至还结交了镇守杉关的逆帅。既然他具有这么大的神通，派人向朝廷上疏请兵之事也就非他莫属，为何要将此事推给既没有结交杉关逆帅的神通、家人又远在闽南的李光地去冒险呢？这又是何等不合情理。

在刑部公堂上，当少司寇杜肇余问陈梦雷为何自己不给朝廷上疏时，他推说家人无法离开福州，但在《绝交书》中，他明明说曾两次派人前往安溪找李光地（只是因为耿郑交战未能到达而已），分明又不是无法出城，这岂不是自相矛盾！他在刑部说《蜡丸疏》的稿子是他写的，李光地派人来取去，只是忘了问来人的姓名，可是在《绝交书》中又说，"彼时耿逆猜忌方深，城析严密，片纸只字不能相通"，《蜡丸疏》的内容是他对李光地差来的仆人张诰口授的，这岂不又是自相矛盾！

陈梦雷于康熙三十七年（1708）回京后，康熙帝对他可谓是恩遇有加了，让他给胤祉当老师，不仅在皇城北边赐给他一所十分阔气的住宅，还在西山给他修了一所别墅。城北的住宅名叫半园，有花木亭榭之胜景；西山水村的别墅，更是极富雅丽。康熙帝有时还亲自到他的别墅中小坐，并曾赐给他"松高枝叶茂，鹤老羽毛新"的对联。从康熙三十八年至四十四年，李光地都在直隶巡抚任上。陈梦雷要向康熙帝控告李光地，机会实在是太多了。为什么他直到康熙四十四年才写了一篇正式控告李光地的上疏，又说什么这篇上疏"被抑未上"呢？试问，当时连皇上都是陈梦雷别墅中的座上客，谁又能压制陈梦雷上疏呢？王伯兰先生分析得对，所谓"疏被抑未上"，该是内容太荒谬而未敢上报吧。

综合以上几点，可以十分审慎而又负责地断言，所谓"蜡丸案"或李光地"卖友"案，完全是陈梦雷捏造出来的；所谓"共谋请兵"，也根本没有这一回事。至于陈梦雷为什么要这么做，最直接的原因是为了洗刷自己附逆的罪名，而有意把水搅浑。其次，是受李光地的政敌的利用。这一点被陈梦雷的好朋友陈恭甫道破了，他说："蜡丸案与省斋（陈梦雷）无与，乃东海（徐乾学）忌安溪（李光地）之才，教省斋极力诋娸，冀以脱罪，己遂从而下石焉。《闲止书堂集》诉城隍文，与厚庵绝交书，皆后来诡辞耳。"（《左海文集·安溪蜡丸辨》）这段话把事实真相说得十分明白。

作为朋友，李光地是对得起陈梦雷的。当陈梦雷成为"逆案"中人被判斩首后，是李光地为他讲话，才得免死而改流放。《清史稿》亦肯定了李光地力救陈梦雷的事实，这一论断应该说是审慎的。

"中年夺情"案

所谓"中年夺情"案，来自李光地的同僚、福建同乡彭鹏强加给李光地的所谓"贪位忘亲"的罪名，全祖望将其定为"中年夺情"，著名明清史专家孟森在其《明清史讲义》中将全祖望这一说法视为定论。直至 1991 年 7 月出版的《清代全史》（第 30 卷第九章）依然沿用了这一说法，且以此认为李光地"为假道学的又一典型"。但所有这一切，都与历史事实不合。

首先，斥李光地"贪位忘亲"与历史事实不合。康熙三十三年（1694）四月，李光地母亲病故，李光地闻讯即上疏请回乡奔丧守制，然而，康熙帝的回答却是："提督顺天学政关系紧要，李光地特行简用，著在任守制。"接到这道圣旨后，李光地权衡忠、孝两个方面，企图做到"忠孝两全"，于是又上疏，提出了请假九个月回乡为母治丧的要求。于是御史沈恺曾、杨敬儒交章论劾，其理由一是："九月以后，亲丧未远，遂忍绛帐锦衣谈笑论文乎？"其二是说，皇帝要李光地在任守制作为变通之计是可以的，但作为臣子来说，则应该遵守"三年之丧"的古制，这三年间是不应该过问政事的。在这种情况下，康熙帝仍然坚持要李光地在任守制。于是李光地的福建同乡、给事中彭鹏说话了，说皇帝要李光地"在任守制"不过是

147

试探李光地的，皇帝是不会让臣子违背孝道的。如果皇帝坚持要李光地在任守制，那么，不仅天下人会认为皇帝不守古制，而且"数日之内，长安道上无不指光地为贪位而忘亲，司文而丧行"。康熙帝见到彭鹏的这篇上疏以后，传旨询问，彭鹏又有了大肆污蔑李光地的机会，于是又上疏攻击李光地把"三年之丧"改为"给假九月之请"，是"贪恋苟且""诡随狡诈"，这种人如任顺天学政，则天下士子不服。如果让其回乡，则"人人切齿，桑梓污颜"。康熙帝听了彭鹏的谗言，加之又怕天下人说自己不守古制，于是又下了一道圣旨："令光地解任，不准回籍，在京守制。"

但事实证明李光地并非贪位忘亲，而是巴不得马上离京为母奔丧守制，马上离开这块皇上猜忌、群小嫉妒的是非之地。李光地之子李钟伦（当时钟伦侍父在京）在写给诸叔父的信中说："此月初一日，部复彭无山（彭鹏）参本，奉旨：'李光地不准回籍，著解任在京守制。'彭前后共两疏，前疏著九卿会议，旨问彭鹏：'尔与李光地同乡，意欲相为，适所以害之，我留他在任，自有深意，不然，朕岂不晓得三年之丧古今通礼。我所以留李光地之意，恐一说便难以保全。九卿如要我说，我便说；不要我说，我便包容。彭鹏，尔参其欲令其回籍，此正合着他的意思，尔此言岂不是奉承他？'于是彭第二本乃有在京守制之语，中间穷极丑詈矣！……今旨已下，便只得在京行三月哭奠，朝夕鸣号，以暂泄哀情。"这段史料写得很清楚，康熙帝说彭鹏第一次上疏欲令李光地回籍时，康熙帝以为这正好合着李光地的意思。李光地又何曾贪位忘亲呢？

如果联系到李光地自进入仕途后屡屡请求回乡的事实，说李光地"贪位忘亲"就更是无稽之谈。中国传统社会中信奉儒家学说的读书人，谁不抱着"修身、齐家、治国、平天下"的宏愿？但忠孝常常是难以两全的，每一个已经进入仕途的读书人都会遇到这样的矛盾，按照朝廷的规定，县官及以上的官都是不能在自己的家乡做官的，必须派到外县乃至外省去做，做中央政府的官就更要远离家乡了。于是孔夫子关于"父母在，不远游"的教诲实际上是做不到的，尽忠就难以尽孝，欲尽孝就不能尽忠。李光地一生也陷于这样的两难之中。他从步入仕途起，曾经多次请假回籍侍奉父母，乃至希望辞官不做。康熙十二年，他刚刚当上翰林院编修不久就请假回乡省亲；康熙十六年，他离乡赴侍读学士任，刚抵福州，听说父亲去世，立即返乡居丧守制；康熙十七年，他因解泉州之危、平定闽地之乱有功，被提升为内阁学士兼礼部侍郎，他上疏力辞，但朝廷不许；康熙十九年，李光地是一路侍奉着母亲赴京任职的；康熙二十一年，他因母亲不服北方水土，又请假送母还乡，直到康熙二十五年才回北京；康熙二十六年，已经当上掌院学士的李光地又上疏请回乡给母亲养老送终，康熙帝只给假一年；李光地回乡后，又上疏请求延长假期，如此等等，能说李光地"贪做官"吗？当时的实际情况是，他想辞官不做都是不行的：当康熙二十一年光地送母亲回乡后，朝中的小人们就纷纷向康熙帝进谗言，说李光地之所以频繁回乡，是以"皋夔自待，非其君不事"，所谓回乡省亲，不过是看不起皇上的托词罢了。试想，李光地多请了几次假尚且被小人诬陷，若坚持要辞官回乡，不是要被扣上"大不敬"的罪名吗？

彭鹏第二次上疏说康熙帝要李光地在任守制是试探李光地，康熙帝亦说，"我留他在任，自有深意""我所以留李光地之意，恐一说便难以保全"。那么，这位城府很深的皇帝所说的"深意"究竟是什么呢？孟森说是试探李光地究竟是真道学还是假道学，并且说康熙帝所谓的"包容"，谓"不说破试出假道学耳"。这一论断显然与以上所引史料不合，康熙帝认为李光地是真想回籍的。那么，康熙帝的所谓"深意"究竟是什么呢？康熙帝既要李光地解任，为什么偏又不肯让他回乡呢？翻《榕村语录续编》，其真相才大白。

原来，徐乾学在唆使陈梦雷诬蔑李光地不成以后，并没有死心："徐健庵又变出一段话，云予族众万余。有事时予本有霸王之志，坐观成败，其为人臣非其本志，故来朝辄去，即在朝日亦与二三同心讥切时政。"这些话说到皇帝心坎里去了。皇帝是最怕人与他抢天下的。李光地懂军事，熟悉山川形势，在福建有号召力，加上李光地又屡屡回乡，莫非真的有"霸王之志"，不愿身为人臣？康熙帝听信了徐乾学的谗言，绝不肯放龙归海、放虎归山，于是采用历代帝王驾驭地方实力派人物的办法，将其羁留京城，以便加以控制，即使是母亲去世这样的大事，也断不肯放他回乡奔丧。这就是康熙帝的"深意"。这一深意当然是不能说出来的，如果说出，一帮拍马屁的大臣们就要怂恿皇上将李光地"立斩"，这也就是康熙帝所说的"恐一说便难以保全"了。大凡历史上有雄才大略的君主，如汉武帝、唐太宗、康熙帝之流，都是要使"天下英雄入吾彀中"，加以驾驭、任用的；反之，倘若是没落时代的昏君，对于放心不下的豪杰之士，那就是见一个杀一个了。康熙帝听信谗言，这是他的昏聩之处，但不说出他的"深意"，又是他的精明之处，他毕竟还是一位处于创业阶段的皇帝。

由上述事实可见，李光地之所以数百年来被人骂"贪位忘亲"，恰恰是因为他太不贪位、太不忘亲。传统社会官场上的世态炎凉、人情冷暖本来就是如此。

虽然在李光地生前和死后都有许多人攻击他，但仍然可以看到一些肯定李光地的言论。近代著名思想家龚自珍（1792～1841）就对李光地怀有敬意，其《己亥杂诗》中有一首《别陈颂南户部庆铺》云：

> 本朝闽学自有派，文字醰醰多古情。
>
> 新识晋江陈户部，谈经颇似李文贞。

150

在这首诗中，龚自珍充分肯定了李光地在清代学术史上的地位。李祖陶（1776~1858）在《国朝文录》也说："文贞之学，本之朱子，而能心知其意，极推透以畅其旨，不阿附以盖其失。"这一关于李光地理学思想的论述，应该说也是比较客观的持平之论。

值得关注的还有李光地在海外汉学界的影响。1754年，钱德明（Joseph-Marie Amiot，1718~1793）神父将李光地的乐理著作《古乐经传》译成法文并寄回法国出版，被法国各种书籍刊物陆续转载，这是中国音乐理论著作最早在欧洲的传播，因而在法国学界引起了广泛的关注和反响，成为18世纪欧洲的"中国文化热"的重要组成部分。很多学者为李光地的这本书撰写了书评，其中特别著名的书评分别是由拉莫（Rameau，1760）、阿尔诺（Arnaud，1767）、卢梭（Rousseau，1768）、鲁西埃（Roussier，1770）、德·拉博尔德（De La Borde，1780）、格鲁贤（Grossier，1785、1820）、甘格纳（Ginquene，1791左右）等人所作，足见其影响之大。法国华商学者陈艳霞在《华乐西传法兰西》一书的第二章中，对李光地《古乐经传》的法译本及其影响作了介绍。

1992年，福建省社会科学联合会和泉州市人民政府、安溪县人民政府共同举办了第一次纪念李光地的学术研讨会，与会学者提交了数十篇论文。在这次会议上，对李光地的历史贡献和在中国思想史上的地位开始有了比较客观的评价。李光地思想中的积极的合理的因素，以及对于现代精神文明建设的意义，也开始为人们所认识和重视。

附　录

年　谱

1642 年 9 月 29 日（明思宗崇祯十五年九月初六）　李光地生。

1663 年（清康熙二年）　考取秀才。

1666 年（康熙五年）　参加福建乡试中举。

1667 年（康熙六年）　参加北京礼部举行的会试，落第。

1670 年（康熙九年）　参加会试，中二甲第二名进士，选翰林院庶吉士。

1671~1672 年（康熙十年至十一年）　在翰林院庶常馆学习，拜会顾炎武、孙奇逢。

1672 年（康熙十一年）　九月，任翰林院编修。

1673 年（康熙十二年）　三月，以翰林院编修充会试同考官。五月，回福建省亲。

1675 年（康熙十四年）　五月，蜡丸上疏，献破耿精忠之策。

1677 年（康熙十六年）　四月，授侍读学士之职。

1678 年（康熙十七年）　十一月，授内阁学士兼礼部侍郎之职。

1680 年（康熙十九年）　八月，服阕至京师，任内阁学士兼礼部侍郎，为太子允礽师。

1681 年（康熙二十年）　四月，荐施琅提督水师，"专任海事"。

1686 年（康熙二十五年）　九月，任翰林院掌院学士兼礼部侍郎。

1687 年（康熙二十六年）　三月，荐德格勒、徐元梦、卫既齐、汤斌、李颙、杨文言、李因笃、耿介、仇兆鳌等。

1688 年（康熙二十七年）　十月，任武会试正考官。十一月，任武殿试读卷官。

1689 年（康熙二十八年）　五月，左迁通政司通政使。同年十一月，任兵部右侍郎。

1691 年（康熙三十年）　　二月，任会试副考官。十月，任武会试知贡举。

1692 年（康熙三十一年）　　五月，荐理学家陆陇其。

1693 年（康熙三十二年）　　以兵部右侍郎提督顺天学政。

1696 年（康熙三十五年）　　复以兵部侍郎衔督顺天学政。

1698 年（康熙三十七年）　　十月，任工部右侍郎。十一月，以兵部左侍
郎、右副都御史巡抚直隶。

1699 年（康熙三十八年）　　八月，荐拔马见伯为中军游击。

1700 年（康熙三十九年）　　八月，条奏科场学校事例。

1701 年（康熙四十年）　　荐杨名时、刘琰、文志鲸等十五人。

1702 年（康熙四十一年）　　二月，荐徐元梦。四月，荐何焯。十一月，调
考北方三镇军政。

1703 年（康熙四十二年）　　四月，任吏部尚书兼直隶巡抚。

1705 年（康熙四十四年）　　四月，荐梅文鼎。十一月，任文渊阁大学士。
请以李发甲为天津道副使。

1706 年（康熙四十五年）　　三月，充殿试读卷官。十月，充武殿试读
卷官。

1707 年（康熙四十六年）　　十一月，荐吴郡为定海总兵。

1709 年（康熙四十八年）　　二月，充会试正考官。三月，充殿试读卷官。
荐蔡世远。五月，荐陈璸任台湾道副使。

1711 年（康熙五十年）　　四月，荐朱栻。九月，荐刘谦。十月，戴名世
《南山集》案发，救方苞。

1713 年（康熙五十二年）　　正月，荐徐用锡。十月，任殿试读卷官。十一
月，任武殿试读卷官。为康熙帝撰成《御定星历考原》六卷，《御纂
朱子全书》六十六卷。

1715 年（康熙五十四年）　　二月，荐李绂。三月，复荐杨名时。上谕命李
光地校理《周易折中》《性理精义》等书。为康熙帝撰成《御纂周易
折中》二十二卷。

1717 年（康熙五十六年）　　撰成《御纂性理精义》十二卷。

1718 年（康熙五十七年）　　三月，任充殿试读卷官。6 月 26 日（五月二
十八）去世。

主要著作

　　李光地一生，著述颇丰，传世的著作有 39 种，196 卷。现列举其主要著作 23 种如下：

　　1.《榕村集》四十卷。

　　2.《榕村续集》七卷。

　　3.《榕村别集》五卷。

　　4.《榕村语录》三十卷。

　　5.《榕村语录续编》二十卷。

　　6.《周易通论》四卷。

　　7.《周易观象》十二卷。

　　8.《尚书解义》一卷。

　　9.《诗所》八卷。

　　10.《古乐经传》五卷。

　　11.《春秋毁余》四卷。

　　12.《大学古本说》一卷。

　　13.《中庸章段》一卷。

　　14.《中庸余论》一卷。

　　15.《读论语割记》二卷。

　　16.《读孟子割记》二卷。

　　17.《离骚经注》一卷。

　　18.《九歌注》一卷。

　　19.《阴符经注》一卷。

　　20.《参同契章句》一卷。

　　21.《注解正蒙》二卷。

　　22.《榕村讲授》三卷

　　23.《古文精藻》二卷。

　　以上著作，除《榕村续集》《榕村别集》《榕村语录续编》外，皆有四库全书本。《榕村语录》《榕村语录续编》有中华书局校点合刊本。《榕村续集》《榕村别集》有道光七年（1827）家刻本。